老板就要建系统定制度走流程

吴 茜◎著

台海出版社

图书在版编目（CIP）数据

老板就要建系统、定制度、走流程 / 吴茜著. -- 北
京 : 台海出版社, 2024.4（2025.8重印）
ISBN 978-7-5168-3817-4

Ⅰ.①老… Ⅱ.①吴… Ⅲ.①企业管理 Ⅳ.
①F272

中国国家版本馆CIP数据核字(2024)第060463号

老板就要建系统、定制度、走流程

著　　者：吴　茜

出 版 人：蔡　旭　　　　　　　　　封面设计：回归线视觉传达
责任编辑：王　艳

出版发行：台海出版社
地　　址：北京市东城区景山东街 20 号　　邮政编码：100009
电　　话：010-64041652（发行，邮购）
传　　真：010-84045799（总编室）
网　　址：www.taimeng.org.cn/thcbs/default.htm
E - m a i l：thcbs@126.com

经　　销：全国各地新华书店
印　　刷：香河县宏润印刷有限公司
本书如有破损、缺页、装订错误，请与本社联系调换

开　　本：710 毫米×1000 毫米　　　　1/16
字　　数：160 千字　　　　　　　　印　　张：12.25
版　　次：2024 年 4 月第 1 版　　　　印　　次：2025 年 8 月第 3 次印刷
书　　号：ISBN 978-7-5168-3817-4

定　　价：68.00 元

从管理的角度来说，老板要做的事情无非是进行企业管理，激发员工的积极性，从而实现利润的增长。虽然企业的大小不同，但企业管理的内容都离不开系统、制度、组织、流程、指挥、协调等。当老板、做管理并不复杂，但也不容易做好，管理得好可以使团队不断提升业绩，管理得不好会让人员流失，利润下滑。人们津津乐道的往往是那些管理大师的惊心动魄和神来之笔，耳濡目染之下往往忽视了那些基础又扎实的工作。而衡量一个老板的管理水平，往往离不开建系统、定制度、走流程这样基础性的工作。

系统是企业的指南针，包括战略系统、管理系统、品牌系统、营销系统、风险管控系统等。制度是系统发展的防火墙，好的制度才能使上述的系统工作落地，包括企业文化制度、行政制度、绩效考核制度和薪酬制度。最后是把系统和制度实践化的流程，流程是否顺畅，关乎企业整体运营效率的高低。因此，对流程的执行过程进行规范、优化和把控，能让员工用更少的时间做出更多的成绩。把系统、制度和流程的事情解决了，也就把老板这个角色扮演成功了。

正如本书所阐述的，这些管理的基础工作，经过了众多管理学的研究，已经形成了标准化的操作方法。因此，作为老板，如果想让下属出结

果、有效率，就要给他们制定一套可供遵循的系统法则、可供遵守的管理制度及可供执行的流程标准。

建系统、定制度、走流程是一些基础的管理工具，也是作为老板的基本功课。有了系统、制度和流程，即使老板不在，企业依然能够顺畅地运行。

企业的管理体系就像一个黑箱，判断其好坏的重要标准是输入产品和输出产品。如果输入的是一流人才，出来的却是三流结果，那么这个管理体系就有问题；如果输入的是三流人才，出来的是一流结果，就证明这是一个运转良好的管理体系。在管理体系的标准建设方面，优秀的企业往往是系统、制度和流程都做得比较到位。

对企业而言，老板是一切的源头。人是活人，系统是活系统，制度是硬制度，流程是现成的标准。因此老板的使命是什么？打造出有生命力的系统，制定出人人可以遵守的制度，规划出可以联通全局的流程。然后通过流程的执行，激活整个团队，将其带出效率、带出成绩。

所以，本书分为建系统、定制度和走流程三大部分，详细阐述了如何建系统、如何定制度以及流程的具体规划和执行，希望能给企业老板们一些参考。

|目录|

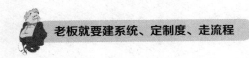

下篇　走流程 —— 老板高效管理的"着眼点"

上篇

建系统

——老板掌舵企业的「指南针」

第一章 战略系统：企业走向强大的导航

确立清晰的企业目标和愿景

目标和愿景是一个企业向前发展的指示牌，没有目标，再有本事的老板也不知道该把团队带向何方。一个企业如果想要激发员工的内在动力，就离不开团队力量；想要把整个团队凝聚起来，需要为其制定一个共同的目标。团队成员需要明确地知道他们为什么在一起工作，以及他们共同追求的目标是什么。

对老板来说，确立清晰的企业目标不是一个可选项，而是一个必选项。有目标的团队更容易持续达成目标，员工成长性更佳。没有目标的团队，员工将无所适从，团队工作无法达到预期，员工也将停滞不前。

确立好目标，有的放矢地去工作，可以让老板从各种繁杂的事务中解脱出来，有利于让员工了解自身优势及不足，明确其权利和义务，并有机会学习新技能，提升个人能力，同时及时获取完成工作所需的资源支持。对于整个团队来说，将团队目标与员工的任务相关联，可以使团队获得更高效率，整体士气和氛围得以提升，让评判员工有据可依。

有效的目标才是真目标，设计目标的关键不仅在于有没有目标，也在于目标有没有效。要保证目标有效，老板和员工在设计目标时不能"拍脑袋"，不能想当然，应当遵循科学的工具和方法，并需持续评估目标的有效性。

设计目标时，应当遵循 SMARTER 原则，即具体的（Specific）、可以衡量的（Measurable）、可以达到的（Attainable）、具备相关性的（Relevant）、有明确截止期限的（Time-bound）、可执行的（Executive）、有结果的（Result）。

比如，你带领一个团队，需要不断地强化整个团队的目标和愿景：我们要做×××第一品牌，我们要打造出×××位销售高手，做×××全线产品，辅导每一位有执行力、愿意成长的伙伴成功等，这就是目标。关于愿景，可以理解为个人的目标、公司的目标和团队的目标。共同的目标拟订了之后，就一定要努力实现。例如：

你有没有想过自己多长时间能够将收入翻 10 倍？

你有没有想过公司在未来的 3 年内市值达到多少？年产值达到多少？

你有没有想过你的团队 3 个月、6 个月、1 年达到多少人？每个阶段达到多少销售流水？

你有没有想过，你要帮助多少团队成员在多长时间内做成百人团队或者千人团队？

以上这些就是目标和愿景。

一个团队在愿景和规划中都应该涵盖四个目标：业务增长、客户资产增长、优秀员工数量增长和潜在获客渠道拓展。能否成功实现这些目标，决定了团队产出的增长率。

团队的总目标制定是一个"自上而下"的过程，而制定员工个人目标，既需要"自上而下"也需要"自下而上"。简单理解就是，当团队管理层制定了组织总目标后，就需要将组织总目标分解成部门目标，由各个部门的负责人将部门目标分解成各个小组的目标，比如核心层—管理层—基层，这是目标自上而下的制定过程；而每个小组在分解小组目标的时候，需要跟基层的员工进行充分商量和讨论，以这个为基础制定员工的个人目标，员工参与个人目标的制定有助于提高员工的主人翁意识，减少制定目标的阻力。

只有将目标进行分解，才能使目标落实责任到人，也才能使每个员工感受到自己被重视，从而起到激励作用。毕竟团队的总目标需要每个员工的努力才能达到。不管是组织总目标还是员工个人目标，都不是一成不变的，必须随着市场环境、员工个人实际情况等多方面因素的不断变化而调整，不要让目标变成死目标。

共同目标都包括哪些内容呢？

（1）经营目标，这是必须向全体成员时刻传递的目标。它又包括收入利润目标、创新增长目标、成本质量目标。其中收入利润目标是一个企业活下去的基础，要跟员工反复宣讲；成本质量目标是指客户市场，也很重要；创新增长目标是衡量企业能否持续发展下去的关键，比如要经常开会问问员工有没有拟定下个月的业绩增长目标，本月有没有确立新的考核点，这个月特别希望哪方面获得增长等。

（2）月度、季度、年度等目标上墙和盘点，监督团队完成了多少，还有多少需要完成，要让所有人都能时刻关注到团队目标。

（3）不断反馈目标完成的结果。反馈的目的不是为了挑毛病，而是为了改进，让流程变得更好，让效率提升。所以，在反馈之后如果发现员工是积极的，就证明反馈是成功的；反之，如果反馈之后员工表现出不屑、不满，就证明反馈是不成功的，下次反馈就要做出调整和改变。

（4）对反馈的目标结果进行复盘和调整。反馈之后要看员工做了哪些事情，或者是没有做哪些事情；具体存在哪些问题，有哪些方面没有做到位，针对这些方面为员工提出哪些建议（第一步、第二步……），以让员工清晰地看到自身的不足；了解和关注员工内心的想法，跟员工一起分析问题，探讨解决方案。

企业发展战略规划和现状评估

战略泛指重大的、带有全局性的、能决定全局的计划和谋略。企业发展战略规划具有两种本质属性：一是企业开展重大经营活动之前进行的一系列活动；二是企业的一种有意识的、有目的的决策和设计活动。

企业战略规划的制定一般分三步：一是确定企业总战略；二是为每个部门制定战略规划；三是为企业制订长期的管理和实施计划。

通过为企业制定战略规划，可以达到如下功效：一是确定企业未来的发展方向；二是明确企业未来的发展目标；三是以有效的手段整合与配置资源；四是协调团队的思想和行动。

一般情况下，在为企业制定战略规划时，需要完成以下几项具体工作任务。

第一项：老板要组织团队参与制定战略规划的全过程，并组织团队讨论研究，从而对战略规划的主题和内容做出清晰的界定。老板再有能力，个人的决策思维能力也是有限的，需要组织成员参与进来，大家头脑风暴可以达到"三个臭皮匠，顶个诸葛亮"的效果。如果企业有不同的部门，则需要有不同部门的专业人员参与进来，以产生群策群力的决策效果。大家集思广益、各抒己见的过程，也是形成共同奋斗目标、形成协作关系的过程。此外，参与研究讨论的人应包括董事长、总经理、副总、各部门经理、分区域销售主管等，外部人员有管理咨询顾问、投资顾问、法律顾问等相关专业人士。这些人将成为企业今后发展的中坚力量。

第二项：对企业的现状进行评估，发现企业当下存在的问题和过去发展过程中存在的瓶颈和缺失，以便进行解决或规避，对企业的发展起到扬长避短的作用。通过对企业以往不同发展阶段战略要素的反思，发现战略规划方面存在的不足，为下一步公司战略规划提供借鉴。一般对现状进行评估的要素包括战略方向、战略目标、资源配置、核心团队的组建与协调。

第三项：分析企业当下所处的行业环境，从而发现企业有哪些新的发展机会与挑战。通过对直接或间接影响行业发展的宏观大环境和微观因素进行研究分析，发现和确认未来企业在特定行业中发展的机会，以帮助企业进行正确的战略决策。一般影响行业发展的宏观因素包括政治、经济、社会文化、科学技术、自然环境等多个方面，通过对这些方面进行深入分析，从而发现和确认企业在行业中的发展机会和面临的挑战。影响行业发展的微观因素包括行业当下的竞争态势、供应商的议价能力、客户的议价能力以及潜在的威胁者等。

第四项：分析竞争对手或对等企业，学习它们的优势的同时也要看到自己的企业是否也有它们身上存在的劣势，在这个基础上对企业发展战略作实质性规划。

在完成上述工作任务后，需要回答一些问题：

企业所处的是什么行业？企业发展战略规划的主要功效是什么？企业发展战略规划具体要完成哪些工作任务？团队研究讨论的目的是什么？

最后得出年度规划步骤，分别是定目标、定方法、订计划。

定目标包括制定营销目标和经营目标。首先是营销目标，如年度营销目标，包括销售目标、完成率、增长率、回款率、市场占有率、新客户开发数量、新渠道拓展、新市场开发、用户增长、客户满意度等。其次是经营目标，包括利润目标、利润率、人均贡献率、费用率、团队流失率、利润增长目标、品牌价值、市值、新员工招聘数量、股权分红等。

定方法包括制定目标分解步骤和营销策略。目标分解就是将目标分解到个人、每个部门、每个团队、每个客户、每个渠道、每个季度、每个月、每一周、每一天、每个品类。营销策略是为了完成目标需要制定有针对性、能有效落地的产品策略、品牌策略、渠道策略、营销和管理策略等。

订计划包括制订管理计划和营销计划。管理计划是将方法转化成计划，包括团队考核计划、团建计划、年度培训计划、假期安排计划、员工福利计划等。营销计划包括年度推广计划、年度营销计划、促销活动计划、平台直播计划、新客户开发计划、会员活动计划等。

比如，华为的战略为"五看三定"模式。该模式包括三个部分：第一部分是战略洞察，通过"五看"的方式看行业、看市场/客户、看竞争、看自己、看机会，最后输出战略机会点。第二部分是战略制定，通过"三定"的方式制定战略控制点、目标和策略，以此为基础制定企业的战略规划。第三部分是根据战略规划进行战略执行与评估。

以上这些步骤都做完了，整个企业的战略规划就有了清晰的大方向。在我国，大部分中小企业都活不过三年，关键的原因就是老板不懂得制定企业战略。企业如果没有长久的战略，也就无法提出清晰的发展目标，进而也就缺少相应的行动指南，必然不会有长久的生命力。所以，制定正确的发展战略是企业生存的必经之路，也是企业发展壮大的根本。

企业使命价值和目标定位

企业无论大小，都有其使命，否则就会像一艘漂在海上的没有方向的船，不知道要去往何方。企业的使命是企业生存发展的首要条件，是企业制定所有战略前需要考虑的问题，也是企业建系统的重要部分。要明确企业的使命所在就要回答以下问题：

企业的目的是什么？

企业目前的业务是什么？将来的业务是什么？

企业能为顾客提供什么样的价值？

企业的价值观是什么？

以上这些问题，对企业使命的确定有着重要的指导意义。企业的使命最主要的是赚取利润，但只为了赚钱而没有对顾客和社会的价值贡献，企业也不可能长久地生存下去。因此，获取利润是企业使命的"硬件"，价值贡献是企业使命的"软件"。

在确定了企业使命后，可以通过企业内部和外部对企业使命进行传播。内部传播主要是将企业使命编订成说明手册，发放给员工，并通过培训等手段加强员工对企业使命的记忆。外部传播主要是通过广告、媒体宣传以及官方网站等途径，向公众展示企业使命。

以格力为例。格力的经营理念是："一个没有创新的企业是没有灵魂的企业；一个没有核心技术的企业是没有脊梁的企业；一个没有精品的企业是没有未来的企业。"格力的服务理念是："消费者的每一件小事，都是格力的大事。"格力的企业愿景是："缔造全球领先的空调企业，成就格力百年的世界品牌。"格力的核心价值观是："少说空话、多干实事、质量第一、顾客满意、忠诚友善、勤奋进取、诚信经营、多方共赢、爱岗敬业、开拓创新、遵纪守法、廉洁奉公"。以上这些，汇集成了格力的企业使命："弘扬工业精神，追求完美质量，提供专业服务，创造舒适环境。"

明白了企业的使命价值后，还要明确企业的经营战略方向。而企业的目标定位对明确企业经营战略方向有重要的指导意义。

企业的目标不是盲目的，更不是假大空的，而是需要落地并能够进行实操的。它具有以下特点：

一是可量化。企业目标要尽量量化，例如，如果是做家居的，可以确定为占所有区域装修市场 30% 的份额。

二是可操作。企业目标要结合市场环境、自身情况、竞争者等相关情况，制定出既有挑战性又能让企业员工接受并可实现的目标。

三是时限性。企业目标要有时间观念，否则就是空中楼阁。因此企业在制定目标时必须将目标限制在一定的时间范围内，短期目标可以是几个月或几周，中期目标可以是 1 ~ 5 年，长期目标可以是 5 年以上。

四是具体化。企业在制定目标时不能泛泛而谈，而是要聚焦，列出具体要达成的目标。比如，第一，市场目标，包括产品目标、渠道目标和推广宣传目标。第二，创新目标，包括技术创新目标、制度创新目标、管理创新目标等。第三，盈利目标，如在一定时间内争取达到的利润目标，可以用产品销售量、销售额、固定成本、变动成本与利润之间的关系来衡量。第四，社会目标，包括公共关系目标、社会资源目标、政府关系目标等。

企业的使命，可以帮助企业把每位员工的事业心和对成功的渴望转化成统一、明确的目标，并通过企业价值观、共同的行为准则，引导员工将自己的智慧、能力投入到企业发展的目标和方向中去。同时，企业的使命和发展目标也能让员工清楚地了解企业的社会价值，以及员工自己作为企业的一员在实现这一社会价值的过程中所发挥的作用，从而令其产生使命感和自豪感，体会到企业的价值和自己工作的意义，从而激发其斗志，让其为自己的人生价值和企业所倡导的社会价值而努力奋斗。

企业的行业定位和主营业务设定

每个初创企业都有自己的行业定位和主营业务方向，不同的企业所属的行业不同，业务也不同。一般初创企业会选择自己熟悉的行业，或和本行业有经验的人合作，在熟知的行业里打拼才能得心应手。

主营业务设定是在企业战略的指导下做出的，它主要是对企业的各项业务进行具体规划，也就是企业对各个业务单元的战略意图进行细化。

比如，酒店怎么定位？首先就是要定位成高端或低端，再来想是独立经营还是形成连锁模式。业务做的不一样，带来的结果也不一样。比如，同是做酒店行业的，如家是一个模式，锦江之星又是一个模式。从资本市场来看，如家模式更胜一筹。但从资产运营的角度来说，大家更喜欢锦江之星。这就是不同的业务定位造成的差别。

老板开公司带团队，想要在市场上出类拔萃，就要有竞争优势，竞争优势的来源是核心竞争力；必须着眼于整个行业的特征，一要去观察行业的价值链条，二要去观察行业的难点；三要看自己公司的主营业务是否具有差异化，如果没有差异化如何在同质化严重的大环境中占领市场份额。

业务既可以是单一的，也可以是多元的。比如，一些业务用来获取短期利润，一些业务用来提升现金流，还有一些业务是战略性主业，需要打造竞争优势，稳健高速发展。

因此业务单元战略的核心命题是：如何在公司战略的指导下在业务单元落实战略意图。如果公司战略要求其获取竞争优势，那么业务单元战略才有必要在已涉足产业中保持领先的地位。

以"复星集团"为例，复星作为中国知名的民营企业集团之一，它的行业定位是科技，但业务却有很多，比如房地产、医药、零售等都是其主营业务，此外还有金融和矿业等战略投资业务。其中医药业务作为复星打造国际化竞争力的主导业务，以中国医药市场的快速成长和欧美主流市场仿制药的快速增长为契机，加快实施"创新、品牌、成本和全球化"战略，稳健经营快速发展。房地产业务将复星打造成为中国大型房地产开发集团，既产生了知名度又带来了现金流。零售业务让复星取得了各类综合商业上市企业的友谊股份，比如联华超市、友谊百货、好美家建材中心等。复星的业务可以说是多元化的，他们给自己的行业定位是投资者而非运营者。

所以，企业的行业定位和主营业务设定就是确立企业未来要成为什么样的企业，以什么样的业务来赢得竞争和带来利润。

企业实力分析和竞争对手分析

经营企业就像带兵打仗，不但要知道自己有多少粮草，还要分析对手有多强的实力，这样才能做到知己知彼，百战不殆。企业在经营过程中，不但要清楚自己的实力，还要知道竞争对手是谁，是谁跟自己平分秋色、抢夺利润。通俗地说，就是既要了解自己，又要了解竞争对手，这样才会永远立于不败之地。

具体如何做呢？

首先要对企业所处行业的外部环境进行分析，也就是进行市场分析，研究相关领域和行业大环境的数据报告、白皮书；再做竞品分析，通过市场占有率和品类重合度几个方面来找分析对象；然后从市场定位、产品功能、销售与服务策略、营销策略几个方向来做分析；最后利用象限分析法找到企业的位置，明白企业的优势在哪里。

象限分析法具体内容如下：

第一象限，也就是优选的行业配置。一般具有行业需求增长快、行业集中度高、行业竞争格局稳定、龙头企业市占率高、议价能力强等优点。一般免税企业都具备这些特征。

第二象限，属于优选类行业。一般具有行业需求增长快、行业集中度低、能够提升企业市场份额等特点。化妆品行业、教育行业，基本属于第二象限。

第三象限，一般是需要尽量回避的，处于这一象限中的行业一般需求增长慢、行业集中度低、可替代性强、供给层面存在大量中小企业、企业盈利稳定性弱、缺乏竞争壁垒等缺点。服装、百货、中小餐饮等都属于第三象限。

第四象限，行业增长很快，但相对比较分散，因此要精选竞争优势更为明显的区域，以充分获取行业增长和份额提升的双轮驱动优势。

通过象限分析法能够找到企业的优势；然后根据优势去匹配企业的目标客户；此后再做客户画像，综合所处行业、企业整体的规模、营收、决策链条，以及企业竞品的优势，来做B端目标客户判定。

知道了谁是企业的客户之后还要分析竞争对手，即对同一个市场或同一个行业中的竞争对手进行详细的分析和比较，以便了解其产品、服务、市场份额、营销策略、品牌形象等方面的情况，从而为自己企业的产品或服务的发展提供参考和借鉴。对竞争对手进行分析的步骤如下：

（1）确定竞争对手：确定与企业业务相似或直接竞争的竞争对手。

（2）收集信息：收集竞争对手的产品、服务、价格、营销策略、品牌形象等方面的信息。

（3）分析竞争对手：对竞争对手进行分析，了解其优势、劣势、机会和威胁。

（4）比较竞争对手：与竞争对手的产品、服务、价格、营销策略、品牌形象等进行比较，找出自己企业的优势和劣势。

（5）制定策略：根据对竞争对手分析的结果，制定相应的策略，提高自己企业的竞争力。

对竞争对手进行分析可以帮助企业了解市场的竞争情况，找到企业的优势和劣势，制定相应的策略，提高市场份额和竞争力。

对竞争对手的分析分为品类内竞争对手分析和品类外竞争对手分析。大部分品牌只是行业中的跟随者或游击者，其首要任务是在品类内的竞争中"活下来"，所以，重点应是品类内的竞争对手调研。

对竞争对手进行分析能给企业带来三个方面的好处：

（1）明确企业的品类，找到企业的赛道。能够对内对外都明确表达企业是做什么的，属于哪个品类，从而可以快速地对接消费者的需求。

（2）在明确赛道的基础上，找到企业的对标品牌，去模仿或者去讲故事。如在打车软件这个赛道里，早期的滴滴就宣称自己是中国的 Uber（优步），从而和竞争对手形成对标。

（3）基于对竞争对手的分析，找到企业差异化的定位和优势性的打法，从而在竞争中战胜对手。

从对竞争对手的分析中可以让企业看到自己的价值，并学习竞争对手的优点，如竞争对手做得好的企业可以拿来借鉴学习使用，快捷方便，少走弯路。因而，了解竞争对手，能够让自己的企业获得成长，从而增强竞争力，让企业更稳健地发展。这就是所谓的知己知彼，百战不殆。

实现企业战略目标的落地

企业有了战略目标后，就要将战略目标落地。企业的老板需要亲自带领团队坚定地推进战略目标的落地。从时间上来看，需要从战略规划拆解到年度经营计划；从组织上来看，需要从上到下，将上层组织的战略规划分解到下级部门。一般可采用三种基本的方法：

（1）全量分解法。对总目标进行全量分解，子目标直接支持总目标的完成。

（2）流程分解法。以客户为中心，沿着业务流程，识别对目标达成的关键影响要素，确定子行动和子目标。

（3）参数分解法。寻找系统内部有影响力的关键参数，确定改善关键参数的子行动和子目标。

目标实施的详细步骤如下：

第一，界定执行目标的团队范围。

所谓团队范围就是决定目标由谁来执行。如果团队成员是专门执行目标的专职人员，那么很容易就能界定团队的范围。专门的团队哪怕是刚成立的，也很容易界定范围。

例如，执行该目标的是销售团队，那么所有的销售人员就是团队成员，因为大家都熟悉平时的业务，如果执行新目标，也仅仅是在原来工作的基础上有了新的任务而已。如果是兼职人员来执行目标的完成，那么就不像专职的成员那样容易组成团队，因为对执行目标的业务熟悉程度不够。所以，界定团队范围的意义就在于，最初导入团队成员的时候，就要考虑到日后的任务属性，如果能顺利运作，就可以增加成员、扩大团队，最好以业务交叉多的部门为中心。

第二，制定团队任务。

目标的实现离不开团队任务的制定。在制定任务的过程中，不要老板一个人说了算，那样会让团队成员感觉不是大家的任务，而是在替老板完成任务，导致劲儿不往一块儿使。正确的做法是自下而上，让团队成员人人领会任务内容。在制定任务时，首先要让大家知道，团队的存在对大家有什么好处，如果团队机能丧失，会有什么不好的影响。其次要介绍制定团队任务的范例，比如使用便条纸收集意见，然后以此为据整理出来。具体流程如下：

（1）在纸上写下"我们的客户"。一个人写几张都没关系，将每个人所写的"我们的客户"贴出来，如果有重复的就贴在一起。

（2）选择"我们的客户"。如果选项有两个，那就投票表决。如果选项超过三个，可以一人两票或三票，采用复数投票的方式。

（3）以选定的客户为对象，在纸上写下"客户希望我们做的事"。如果可以实际面对客户，直接询问对方是最好的方法。若见不到面，可以依照过去的经验想象列出。

①将"客户对我们的期望"筛选至三个以内。

②以"实现客户的期望"为对象，在纸上写下"我们提供的服务"。

③将"我们提供的服务"筛选至三个以内。

第三，确定目标完成的时间。

确定目标有两个诉求，一是进行新的创意，比如开发新的产品和开创新的业务；二是在原有基础上更新完善。因为诉求不同，执行目标所需要的时间也不一样。创意型的诉求是要实现从 0 到 1；维持现状和改善的诉求，则是从 100 到 200。无论是创意型的还是改善型的诉求，时间太长或太短都不太好衡量目标完成的情况，所以，确定目标完成的时间一般以 3 个月为最佳。

第四，确定关键成果。

确定了目标完成的时间之后，要想实现目标就离不开关键成果，也就是执行目标的过程中需要用数值表现出来的成果。只要了解提升团队成果需要如何行动、会有什么影响，就能马上确定出关键成果。但是，如果状况并非如此，建议进行内容分析。尤其是刚起步的事业，由于对初接触的领域几乎不了解，因此团队成员要一边提出意见讨论，一边做出假设。

第五，对工作进行复盘，确定接下来的目标。

对之前的工作进行复盘，可以让团队成员更加清楚地了解团队当前的状况，如有哪些资源，已取得的成绩有哪些，距离战略目标的完成还有多少。在这个过程中必然会产生很多疑问，老板应当清楚地为大家解答，这样才能在团队认知一致的前提下提出下一阶段的工作方向。然后，在团队内部进行关于目标的头脑风暴，即让每个团队成员在了解了接下来工作方向的前提下，提出自己认为的团队的工作目标以及基于团队目标自己的工作目标。之后再开展目标讨论会，让每一位成员阐述自己的目标以及为什么要这样设定，并让团队成员彼此交流，了解大家对于团队发展的思考，这必然比老板自己坐在办公室里制定团队目标要更加全面和容易被所有人

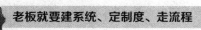

接受。拟定团队目标后需要将目标提交给上级部门进行审批，以得到上级领导的指导意见使团队目标更加完善，能更好地对齐企业目标。当团队目标审核通过后，可以通过公示栏将目标公布出来，增强团队成员的参与感和自豪感。

通过以上步骤，便可帮助企业实现战略目标的落地，从而让企业更敏锐地感知市场变化，迅速做出反应，使企业得到更好的发展，增强其竞争力。

第二章　管理系统：提升职场效率的"神器"

管理者的角色和能力

如果企业是一条船，那么管理者就是掌舵的人，他要带领船上的成员到达彼岸。所以，管理者一定要清楚自己的定位。

如果是基层管理者，就要做好具体的员工管理和生产进度管控工作。了解员工的情绪、需求和工作状态，留意生产过程中出现的各种问题。总之，要把基层管理工作做好，而不是整日想企业战略、企业文化等宏观的事情。

如果是中层管理者，就要抓方向、抓执行、抓组织人才，需要下沉至基层，倾听基层的声音，向高层传达有价值的信息，不能纸上谈兵。中层管理者的着眼点在自己部门的这条线上，对自己部门发生的一切事情保持密切关注和投入。

如果是高层管理者，一方面要向更高层要任务、要目标、要资源；另一方面，要向下要增长、要结果、要执行、要人心。高层管理者必须要有整体思维，从而形成总体管控力，而不是整天疲于解决各类具体问题。

优秀的管理者需扮演好四个角色：一是当好司机。管理者要把握好团队的方向，如果方向上乱指挥，大家会觉得跟着这样的管理者没前途。二是当好指挥家。管理者要对团队做好整体布局和分工，让团队成员能够协同作战。三是当好教练。管理者要给大家做正确的示范，让大家从自己身上学会如何正确做事。四是当好情绪的垃圾桶。管理者要有足够的承受能力，不能玻璃心，不能情绪化，要能独自疏解自己的情绪，并能够倾听、安抚和开解下属。

管理者要想具备执行力，必须遵守一些行为准则，具体如下：

准则一：作为管理者，要真正了解企业和员工。管理者缺乏管理能力的原因是不知道企业究竟在做什么。而真正好的管理者会在工作中全心全意地投入，对企业的运作了如指掌。只有真正了解企业和员工，管理者才能正确制定一些工作方针，及时对自己的管理方法进行纠偏和改进。

准则二：尊重事实。管理过程中难免会遇到员工犯错，如果管理者能够表现出对事实的尊重，对事不对人，给予员工改正的机会，这样员工才能坦然地面对错误，勇于承担责任。一个敢于尊重事实的管理者，会受到员工的喜爱和尊重。

准则三：奖励及时。想要让团队成员积极肯干，离不开及时的奖励。如果未给对公司做出贡献的员工奖励，就会导致员工对工作的懈怠甚至离职。所以，真正的管理者一定是懂激励的高手。这样，企业才能拥有良好的执行力，管理者也才有发挥管理能力的空间。

准则四：管理者要居安思危，放眼长远。能够居安思危的人才会未雨绸缪，如果盲目乐观，容易使企业在遭遇下坡路的时候没有抗风险的能力。例如任正非作为一名管理者，他的观点是不要盲目乐观，要居安思危。他在公司经常强调："公司所有员工是否考虑过，如果有一天，公司销售额下滑、利润下滑甚至破产，我们怎么办？我们公司的太平时间太长了，在和平时期升的官太多了，这也许就是我们的灾难。泰坦尼克号也是在一片欢呼声中出的海。而且我相信，这一天一定会到来。面对这样的未来，我们怎样来处理？我们是不是思考过？我们好多员工盲目自豪，盲目乐观，如果想过的人太少，也许就快来临了。居安思危，不是危言耸听。"

准则五：培养员工的能力和素养。管理能力不是个人的能力，而是要把自己的经验和能力传递给下属，让他们个个成为精兵强将，这样管理者才能省心省力。对员工进行及时指导是优秀管理者避免成为单纯发令者的关键，通过这样的方法，管理者能够逐步提高下属的能力，把握好改变他们综合素质的机会。

管理者需要给自己定位，就像彼得·德鲁克说的那样，不要怀疑，你就是管理者。如果一位知识工作者能够凭借其职位和知识，对组织负有贡献的责任，对组织的经营能力及达成的成果产生实质性的影响，那么他就是一位管理者。

有效管理离不开对人的关注

管理是一项人的活动，是人的潜质和能力在发挥作用。好的管理者是通过人来做成事情的，因为工作会给人带来社会地位和归属感。所以，真正的管理不只是给人发薪水那么简单。

在过去，管理者面对的组织多以体力工作者为主，所以，位居高职的管理者只需下达命令要求下属执行即可。同时，企业中管理者的人数在总人数中所占的比例不大，在这样的情形下，管理者的管理能力不容易凸显，体力劳动者只要把事情"做对"即可。管理者面临的主要问题是如何提高体力劳动者的效率，也就是在最短的时间内产出最多的产品。而如今，在一个企业里，知识工作者占的比重越来越高。工作中需要更多的智慧，而不仅仅是体力，那些受过教育、拥有知识、理论和技能的人才渐渐取代了体力劳动者成为组织里的主力。管理者只有激发这些知识工作者为组织做出贡献，才算是好的管理者、有效的管理者。

对于现在的管理者而言，管理知识型劳动者，需要对他们进行更多的关注。只有让知识劳动者自己管理自己，自觉地完成任务，自觉地做出贡献，自觉地追求工作效益，才算是成功的管理。

知识劳动者的工作动力取决于他们的工作是否具有有效性及他们在工作中能否有所成就。如果他们感到工作缺少有效性和成果少，那么他们对做好工作和做出贡献的热情就会消退，从而成为在办公室消磨时间的人。

所以，管理的本质在于通过管人和理事，实现工作目标和效率的提升。管理者需要关注员工的需求，比如了解员工的精神和物质需求，尊重他们的合理需求，以此来帮助员工提高工作积极性、提升创造力；激发员工的潜能，比如通过培训、指导等方式，帮助员工提高自身素质和能力，让他们更好地适应企业的发展需要。而理事则需要关注企业的运行和发展，通过合理的流程设计和优化、决策制定等手段，来实现企业目标和效率的提升。

一句话，管理者不是自己产生绩效，而是影响他人产生绩效。团队分工协作产生的工作成果就是管理者的成果。管理者真正要做的只有两件事，一是解决员工的动力问题，另一个是解决员工的能力问题。而动力往往是能力的基础，一个没有动力的员工是不会主动成长的，又何谈能力呢？

　　管理者要运用人的长处，面临的第一关即在于择人。管理者有效的择人任事和升迁，都应以一个人能做些什么为基础。所以，管理者的用人决策，不在于如何克服人的短处，而在于如何发挥人的长处。作为企业的一把手，要时刻清楚自己企业的"四梁八柱"都有谁，核心人才是谁，这些人是怎么吸纳、怎么培养、怎么管理、怎么使用的，把这些问题想清楚才是一个管理者应该做的事情。所以，记住一个原则：一把手谈人，其他人说事。

　　曾国藩的成功就在于善于发现人才和使用人才。他主张："凡于兵事、饷事、吏事、文事有一长者，无不优加奖借，量材录用。"他在管理将领的时候，会把负责各个小队的将领单独叫到一边，询问他的团队里谁有什么优点，谁有什么缺点，做到知人善任。曾国藩识用人才，能够知人善任，便是秉着"只要在大的方面能够做到正直、小的毛病可以包涵，也就差不多了"的原则。这也正是曾国藩的用人之道。曾国藩十分注重推荐人才。他不仅自己经常向上推荐人才，还要求家属和下属官员多多向他推荐有用之才。如果发现有用之才可随时推荐，一定要把被推荐人的长处、短处一五一十地加以说明，尤其是对于那些习惯劳苦、勤勤恳恳办事的人，一定要大力加以推荐。正因为曾国藩的知人善用，他的帐下军事型、谋划型、经济型、技术型人才应有尽有，使他成为大清朝地位最高的汉人。

　　管理者对人的关注还要坚持"因事用人"，而不是"因人设事"。只有在职位的设计和划分不以人为中心时，才能使内部的关系保持以做任务为重心、以做事为考量，即不是管理者觉得"我喜欢这个人吗？""这个人我能用吗？"而是考虑"这个人在这个岗位上是不是能干出业绩"。我们常常听到这样的说法：能建立起第一流经营体制的管理者，通常不会与周围的同事及下属保持过分亲密的关系。不能根据个人的好恶来挑选人才，而应当看这些人能干什么，看他们的工作表现，绝不能看他们是否顺从自己。

总的来说，有效管理对人的关注大致有以下几个原则：

（1）人岗匹配。不要把一个不能胜任的人放在一个特别高的岗位上，也不能把一个有才能的人放在一个大材小用的岗位上。如果一个岗位先后找了好几个人来试，结果都失败了，说明这是一个无法胜任的职位，必须重新设计。管理者的第一项任务就是要将自己管辖下的职位都设计得合情合理。一旦发现某个职位设计不当，就要立刻重新设计。只有"让平凡人都能做出不平凡的事"的组织，才是好的组织。

（2）职位既要严格又要宽广。合理的职位是对具有才干的人的挑战，但不能把职位设计得太过局限，要让其涵盖的范围广一些。如果职位太过具体或特殊，那么能与职位匹配的人才就会少之又少。职位覆盖范围广，才能让人胜任的同时，充分发挥出潜力。

（3）考虑个人条件优先于职位要求。管理者在决定用人之前，要先看某人能干什么，而不是考虑职位要求什么。所以，采用定期评估程序来鉴别人才是一个不错的方法，其目的是帮助管理者在决定某人是否适宜担当某个职位前先对其有个正确的评价。设置考评制度不要总是去发现下属的缺点和错误，而是要知道他的优点及他做什么更擅长。在考评的时候可以问下属这样几个问题：哪方面的工作他确实做得很好？哪方面的工作他可能会做得更好？为了充分发挥他的优势，他还应该学习或获得哪些知识？

（4）用人所长，容人所短。管理者很容易犯"高高在上，以自我为中心"的错误，希望得到下属恭维的管理者也不在少数。真正有才华的人可能不善于讨好或说一些恭维的话，如果管理者能够在用人所长的时候，包容别人的不谦恭，才是有胸襟的体现。所以，管理者要问自己这样几个问题：这个人在某方面是否确有长处？他的长处是否确为某一任务所需？这个人如果担当这一职务，是否确能表现得与众不同？如果答案为"是"，那就不必犹豫，聘用此人。尽量发挥下属的长处，不但是管理者必须对机构承担的义务，更重要的是，这也是为人处世的道理，即管理者应该协助下属得到应有的发展。企业必须为每一位成员服务，使每一位成员都能凭其才干有所成就，而不必执着于其所短。

用制度进行柔性管理

真正优秀的管理者必须抱持这样的态度：自己是一个旁观者，自己的权力是制度赋予的。而且，管理者必须乐于限制自己的权力，把规范工作和员工行为的权力转交给制度。所以，管理者要坚定这样的立场：一切都要靠制度进行管理。

一个企业要想健康发展，光靠人治是不行的，必须有强大的制度做保障。看看世界上的长寿企业，无一不是拥有一套完善的企业制度，其管理都是在科学制度的规范之下。

　　美国西北地区太平洋沿岸的最大城市西雅图，是一座美丽的海滨城市。在那里，人们只要到海边随便放下一只网兜，就能捞上来好多螃蟹。但是，当地的法律规定：不允许捕捞母螃蟹以及比巴掌小的螃蟹。当地的居民都会严格遵守这一规定，他们甚至会用尺子测量捞上来的每只螃蟹。如果被发现违反规定，就会受到严厉的处罚。

　　老板带团队也是如此，用制度约束员工是让企业秩序井然的基本保障。如果没有统一标准的制度约束，那么员工就是一盘散沙，每个人都可以随心所欲。即使优秀的人在这样的团队中，也会渐渐失去章法而变得散漫。没有制度的约束就不会产生真正的效能，所以，企业要依靠制度进行决策管理。

　　一切管理源于制度是对的，但前提一定是要制定科学的规章制度。在制度制定上，不但要细化，还要准确定位、清楚释义。例如，某食品公司对超净工作间有着精细的净化要求：女工严禁擦粉，男工必须刮净胡子，在操作台上禁止说话、咳嗽、打喷嚏，以防空气震动扬起尘埃带到食品里。再如某齿轮机床厂也有十分细致的制度规定：员工只要进入车间，无论是否在操作台，一律要佩戴安全眼镜，穿硬底皮鞋，如果系领带则必须将领带掖在衬衫里，一旦违反这些制度就要受到严厉的处罚。

　　所以，不论是什么类型的公司，细化制度才能做到有制度可依。

　　制度不是强压员工的手段，而是服务公司和服务员工的。在执行制度时要以员工的立场为基点，将制度的执行与员工自身利益联系起来，让制度成为员工争取利益的依据和保障，以此来激发员工的工作热情。

　　每个人在职业生涯中都会处于或大或小、或有形或无形的规则之中，只有遵守规则才能保证个人的发展与团队和企业保持一致。因此，我们倡导制度化管理。制度具有绝对的权威性，但制度化管理并不意味着管理者与员工之间的关系就只能用制度去衡量，那样未免不近人情。管理者还需注重人事管理上的柔性。

柔性管理究其本质是一种"以人为中心"的人性化管理，它在研究人的心理和行为规律的基础上，采用非强制性方式，在员工心目中产生一种潜在的说服力，从而产生激励效应，把组织意志变为员工的自觉行为。柔性管理的最大特点是不依靠权力（如管理者高高在上地发号施令），而是依赖员工的心理，依赖每个员工内心深处的主动性和潜力，属于以情动人、以柔驱动人才的管理激励策略。

20 世纪 70 年代，由于日本汽车大举攻入美国市场，福特汽车销量逐年下滑。与此同时，福特公司员工和管理层水火不容，生产效率低下。当时亨利·福特二世意识到了问题的严重性，果断起用贝克当总经理，来改变员工消极怠工的局面。贝克上任后，采取了两个措施：一是改变了以往强制性的管理措施，以友好的态度与员工建立联系，使他们消除了被"炒鱿鱼"的顾虑。而且，对于员工工作不积极，公司也改用了善意的批评，由此，在公司内建立起友好的工作氛围。二是虚心听取员工的意见，并积极耐心地解决问题，同时还制订了《雇员参与计划》，成立了"解决问题小组"，让员工能够参与公司的决策过程。措施实施后不久，福特有了巨大转机，大大缩减了与日本汽车销量的差距，顺利渡过难关。

德鲁克说，管理的本质就是最大限度地激发和释放他人的善意。管理不是控制，而是释放和成就，真正好的管理是释放人性中本来就有的善意，帮助员工创造更大的价值，成就员工。员工不是工作机器，他们有自己的想法，当他们觉得自己正被强迫做某些事情的时候，工作热情就会被极大削减。所以，管理不是强迫。

企业有了制度可以让管理有据可依，但不能全靠制度进行硬性、无人情味的管理，而是应该利用制度进行柔性管理。

管理离不开对团队成员赋能

苹果创始人乔布斯接受采访时坦言：苹果之所以能够成功，靠的不仅是强大的技术和个人领导力，更是团队的协作能力。如何能够让团队成员形成凝聚力，劲往一处使，目标往一处看，非常考验一名管理者的赋能能力。所谓赋能，通俗地说即赋予他人能量和能力。一个能赋能员工的管理者，自己会很轻松，团队的作战能力也会很强。反之，仅仅靠管控，管理者的眼睛没有看到的地方，员工就会松懈、偷懒，甚至有的员工为了逃避管控和惩罚，还会隐瞒错误。

德鲁克曾说："企业可以雇用一个人，但唯有这个人自己能决定他为企业奉献 10%，还是 90%。"学会为员工赋能，让员工成为自我驱动的引擎，成就自我，也就能成就组织，达到双赢。

如何区别管控和赋能？看以下两个管理场景。

场景一：老板严厉，公司的规章制度定得非常严格且没有商量的余地。公司规定，每天早上 9 点员工必须到公司，迟到 1~5 分钟，每分钟扣 1 元；迟到 6~10 分钟，每分钟扣 5 元；迟到 11~30 分钟，按旷工半天处理。下班如果忘记打卡，按早退处理，扣 30 元。有事要写请假条，如果没有请假条按旷工处理，扣除 3 天工资。病假要有三甲医院出具的生病证明，如果没有证明按旷工处理。面对如此严厉的考勤制度，公司员工怨声载道，且每天迟到的人依然不在少数。同时，人力主管的工作也不好做，经常因为员工病假拿不来医院证明而与员工发生争吵，办公场所弥漫着一种紧张又无奈的情绪。

场景二：老板管理具备弹性，公司的规章制度制定得比较人性化。员工只要把手头工作处理到位，允许迟到早退甚至在家办公。在这家公司，员工可以自主决定工作时间、工作进度和最终的工作结果，工作氛围轻松又民主。

从以上两个场景我们一眼可以看出，第一个公司管理严格但缺乏变通，导致员工抵触情绪较大，不愿意来上班，非常被动；相反，第二个公司上班氛围轻松，员工不会被过多约束，可以按照自己的节奏来安排工作，因此员工非常乐意上班。第一个场景体现的是管控，第二个场景体现的是赋能。

只知要求却不懂得赋能，无法成为优秀的管理者。作为管理者，不仅需要完成业绩、实现利润、达成目标，还要思考员工需要哪些资源和帮助才能实现这些目标。基于目标的赋能，才是管理的关键所在。

赋能团队首先要打造成员彼此信任的团队，这样的团队其成员能够协同作战，团队成员会花时间思考如何共同将工作做好并时刻关注团队目标。打造彼此信任的团队，一般从以下几点入手：

（1）讨论团队价值观。作为团队的一部分，每个团队成员在工作中看重哪些方面？

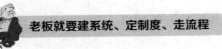

（2）讨论团队成员在团队中能够接受和不接受的行为。

（3）制定团队章程。这是在实施团队建设发展计划时，需要经常使用的一个方法。

（4）让成员融入团队，并要求他们花一点时间对组成团队章程的工作规则产生认同感。这个章程确定了团队成员在团队中需要遵循的行为规范，以确保团队可以良好地运作，拥有和谐的人际关系，能够获得较好的绩效和成果。

创造高质量的讨论环境可以帮助管理者建立团队信任和形成开诚布公的团队氛围，并确保团队工作能够取得更好的成果，这也是赋能团队成员的前提。

除了让团队成员彼此信任，对团队成员赋能还体现在以下几个方面：

（1）鼓励员工创新与试错。为员工搭建一个创新的平台，让员工的即时创新想法有一个能够表达发挥的空间；给员工做事、容错的机会，帮助员工在"冒险"中建立自信，令其不断成长，是一种行之有效的赋能方式。

（2）为员工提供培训机会。注重对员工进行系统的培养与培训，通过建立与各层级胜任素质模型相匹配的培训开发体系，持续提高员工能力，更好地发挥为员工赋能的价值与作用。

（3）向员工授权，让他们拥有一定的自主权。以授权的形式为员工赋能，是对员工的一种信任。将高绩效、快速成长、果断决策的压力传递给员工，可以有效促进员工成长。

管理的过程就是解决六个"W"

管理无非是在解决了人的问题之后，再去解决事，也就是带着一帮人去做有结果的事情，最后为企业带来利润。

解决事不是纸上谈兵，要落到实处，所以高明的管理就是解决六个"W"，即 When（什么时候做什么工作）、Where（把力气用在哪个地方）、What（行动计划是什么、如何实现）、Why（为什么要实现这样的目标、有什么价值）、Who（你的团队都有什么样的人才、他们是谁）、We（我们是一个组织，能给社会带来什么贡献和影响）。

When——什么时候做什么工作，考验的是管理者对于公司目标的把握。管理者要清晰地知道工作目标是什么、工作进展到了什么程度，同时能够带动员工思考什么时候做什么。有些管理者认为，"员工应该知道自己什么时候做什么，管理者没有责任告诉员工做什么，怎么做。"往往抱持这种观点的管理者习惯抱怨员工不能满足自己的要求，达不到自己的预期。这就很矛盾了，如果管理者没有清晰准确、言简意赅地向员工传达他对员工的期望，那么员工又怎能做到让管理者满意呢？

所以，管理者要明确告诉员工什么时候做什么，工作的进度应该如何把握，不要装腔作势不提前告诉员工你的期望，又抱怨员工达不到自己的期望。而身为管理者，尤其要注意，如果发现有的员工总是重复犯同样的错误，那么这个员工就是没有掌握真正的工作要领，这时需要管理者亲自动手示范。

Where——把力气用在哪个地方。公司里的事情不止一件，完成目标的过程中也有轻重缓急，管理者要带领团队把精力用在关键的地方。一个公司有主要的部门也有辅助类部门，管理者要把精力多用在那些能为公司带来利润的部门，重点激励这些部门的人员，让他们的行为更积极。

What——行动计划是什么、如何实现。管理者不能光说不练，而是要在执行目标之前给员工规划蓝图，让他们有计划地积极执行。管理者是团队奋斗目标的承包者，不但要对工作结果负责，还要对所有员工负责。所以，规划好了蓝图和目标后，管理者要带头积极行动起来，做一名雷厉风行的执行者，强将手下无弱兵就是这个道理。真正的管理是执行力，而所谓执行力最先执行的就是自己。先管理好自己才能管理别人。作为一名管理者，起不到榜样作用，别人就不会信服听从于你；没有成功的项目实践经验，就没有资格担任管理者，否则一定是瞎指挥。

Why——为什么要实现这样的目标、有什么价值。管理者需要做这样的思考，并把思考结果讲给员工听。

稻盛和夫曾说，在日本的大企业里，没有企业的一把手会讲述自己的人生哲学。但是，"仅有一次的宝贵人生，我们究竟应该怎样度过？"这样的话题自从创业以来我就一直不断地向员工述说，从而形成了"京瓷哲学"。京瓷哲学已经渗透到了员工的血肉之中，为激发员工的积极性做出了贡献，并营造了京瓷的企业精神和文化。这给所有管理者一个可供借鉴的思路，那就是要让员工明确目标，明确生存和工作的价值，才能最终把自己的目标和企业的目标统一起来。企业目标、员工目标在一定意义上是一个企业的绝对软实力，因为有目标的牵引，凝聚了全员的心；因为有实现目标的压力，"压"出了全员的智慧。

Who——你的团队都有什么样的人才、他们是谁。这是管理者与员工知己知彼的过程，管理者要让员工明白自己是谁，希望加入一个什么样的团队和组织中。管理者与员工是将和良才的关系，将遇良才能打胜仗；而才遇良将如同种子选对了土壤，成功是早晚的事。和什么样的人在一起，就会有什么样的人生，和勤奋的人在一起，你不会懒惰；和积极的人在一起，你不会消沉；与智者同行，你会不同凡响；与高人为伍，你能登上巅峰。当一个管理者有了"在意自己是什么样的人，并希望带一个什么样的团队"这样的意识时，那么他在管理的过程中，便会去问员工或队员"你是什么样的人，希望加入一个什么样的团队"。价值观趋同的人在一起能够更长久，也更有战斗力。团队里每个人的梦想加起来，能实现一个更大的梦想，在这一群人构成的团队里，每个人都扮演好自己的角色，又能够互相促进，每个人的梦想都更容易实现。想想看，这样是不是特别美好？

We——我们是一个组织，能给社会带来什么贡献和影响。任何一个公司不论大小，都有其使命和愿景。一个有价值的企业不仅要考虑如何盈利，还要思考"我们会给社会带来什么贡献和影响"。具备了社会责任感，才能把公司做大做强，才能让团队目标坚定。德鲁克认为，一个管理者必须承担三大任务，第一个任务是高效完成组织的独特使命，对于企业来说就是为顾客创造价值的同时获得利润和财富；第二个任务是让工作有效，让员工有成就感；第三个任务是给社会带来好的影响，承担社会责任。一个好的管理者可以带好一个公司，一个好公司可以成为影响社会正气的一部分。当管理者把社会责任、员工责任放在首位的时候，会激发团队的斗志和信心，会让员工油然而生一种自豪感以及把自己的价值奉献给企业的积极性。越是强调社会责任感的企业，越能让团队积极进取。让员工在企业中成长，给员工提供良好的发展平台，不但是企业对员工的义务，也是企业应当承担的社会责任。

老板要培养和授权人才，解放自己

优秀的管理者就像教练，要把自己的能力教给队员，而不是把所有事情揽在自己身上。老板的目的是培养出更多像自己一样能独当一面的人，然后自己去进行更深层次的思考，做出更多新的决策，为公司谋求更多更好的发展。

在管理上，杰克·韦尔奇有一句经典名言："管得少就是管得好。"管得少并非说明管理的作用被弱化了，可能是让有限的管理产生了1000%的效果。这句话说明，高明的管理者懂得放权和授权，那样员工才能敢干和会干。

在《别让猴子跳回背上：为什么领导没时间，下属没事做？》一书中形象地把解决问题需要采取的行动比喻为"背上的猴子"。管理者往往因为背上背了太多团队成员的"猴子"而被压得喘不过气来，导致没有时间去照顾自己的"猴子"。作为管理者要想走出这样的困境，就要区分哪些事情是管理者需要做的，哪些事情是必须交给员工做的。

有人将管理者的放权和授权比喻为放风筝，要"舍得放，敢于放，放而要高，高而线韧，收放自如"。不敢放权，关键原因是对人的不信任。管理者只有在确信下属有能力用好、用对其所要下放的权力资源之后，才能做到真正的放权；否则即使管理者授了权，最终决策权也还是在管理者手中。

例如海底捞作为餐饮界的传奇，在管理上就十分注重培养员工，把一线员工培养成主管，把主管培养成店长，还会放权和授权给员工。海底捞的创始人鼓励每位员工都积极参与到企业的管理中来。海底捞的中高层管理人员都有一定的审批权或签字权，并且与顾客距离最近的一线员工也有着一定的决策权。一线员工可以根据情况赠送一些菜品给顾客，还有免单权。如果当天对顾客来说是个特别的日子，比如过生日，那么一线员工就可以自行决定给顾客开设雅间，或者赠送果盘，在菜的价格上也可以给顾客打一定的折。

海底捞充分发挥以顾客为中心的原则，一线员工甚至可以暂时离开自己的岗位与顾客一起庆祝。这种管理方式，让顾客对海底捞倍感亲切，客源越来越多。

海底捞对员工放权的方式，开始也受到不少人的质疑，认为员工可能会滥用职权，比如给自己的亲戚朋友免单等。但实际上，海底捞的企业文化在充分赋予员工权力的同时，也完善了监督和责任体系。一旦有员工违反规定，就会受到相应的处罚，因此员工的职权得到了很好的利用。放权给员工的做法给海底捞带来巨大利益的同时，也大大增强了员工的自信心，激发了员工的主人翁意识。

所以，管理者想要一身轻，并不是对什么事情都放任不管，而是要有方法、有智慧地进行授权。在授权的时候要明确以下几点：

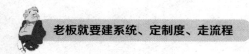

（1）确信员工有足够的能力去应对工作，解决困难。授权不是盲目将权力下放给员工，而是要视员工的能力给予他们相应的工作量。

（2）向员工安排工作时应清晰地表达做什么，为什么做，什么时候做。有目的地视能力而授权，不同的事情可更改被授权人。

（3）不能把公司的前途命运和重要的会议、未来的计划授权给员工。在授权以后要有考核办法，考核通过继续授权，考核通不过收回授权。

（4）授权不是不管不问，而是要时刻监督员工的工作进度，但不干涉员工的具体工作，只在必要时刻予以提醒和鼓励。

第三章　品牌系统：让自己的产品成为用户的首选

品牌的使命和愿景

愿景就是希望看到的情景，品牌的愿景是什么？就是告知消费者、员工、合作伙伴，企业的品牌将走向怎样的未来。当所有人都知道了企业品牌的使命和愿景，也就知道了企业品牌的发心和初心。品牌的使命和愿景代表着品牌发展的未来姿态，所以要将眼光放长远，但在具体表述的时候，需要依据品牌的实际情况进行，不能夸大其词。

有人说：三流企业靠销售，二流企业靠管理，一流企业靠品牌。依靠出色的销售，企业能够赚取可观的收益；凭借完善的管理，企业能够做到一定的规模。然而，如果没有优秀的品牌，就如昙花一现，企业无法实现长久发展。这就是品牌确定使命和愿景的价值。

对于企业发展而言，品牌战略至关重要，但仍然有很多管理者无法真正理解品牌的含义。简单来说，品牌就是指消费者对于企业及其产品、服务、文化价值的评价和认知，其核心就是消费者的信任程度。

在确定品牌使命时，需要明确三个要素，一是市场性要素，包括产品或服务、用户需求；二是生产性要素，包括技术、增长和盈利；三是人文理念性要素，包括品牌自我概念、价值信仰、形象等。比如，特斯拉的品牌愿景是通过推动汽车向电动汽车转型，打造 21 世纪最具吸引力的汽车公司；谷歌的品牌愿景是通过一键按钮，让用户能够获得全球资讯；格力的品牌愿景是缔造世界一流企业，成就格力百年品牌；海尔的品牌愿景是海尔员工将心情舒畅、充满活力地为用户创造价值的同时体现自身价值，海尔集团将在创造全球品牌的同时实现对股东、社会的卓越回报。

品牌也是企业态度的声明，因此在确立品牌使命时需要考虑消费者导向，以便为企业吸引更多的目标客户，并提供优质产品和服务，让企业能够不断实践品牌使命。

在构建品牌闭环时，老板必须以品牌使命为起点和终点，以品牌使命展示企业态度，实现消费者导向，并立足于此，不断为目标客户创造价值，满足其需求。与此同时，企业也能够获得消费者的支持，获得利润和口碑，从而拥有进一步践行品牌使命的动力，最终实现企业价值的螺旋式增长，直至真正实现品牌使命。

比如，丽思卡尔顿酒店的品牌使命和愿景为：世界上有一些旅行，不只是去到一个新地方，而且也是精神旅程，在人们内心深处具有特殊意义。丽思卡尔顿便可以在这样的特殊时候给人们的心灵带去呵护、尊崇、美感乃至灵光一现的启迪。对"精神旅程"的专注，作为企业意识形态，渗透在丽思卡尔顿的每一个细胞里。

丽思卡尔顿的愿景和使命保留了很多年，这和酒店行业的时代性不强有关，也和丽思卡尔顿本身所彰显的一种对传统生活方式的追求有关。

好的品牌使命和愿景不是一句简单的口号，更不是花架子，而是蕴含着内在力量，用之如利器，用它可以撬动大市场。品牌不仅仅是企业营销的外套，更是通过使命感来诠释其所具有的意义。

品牌传达的价值主张

品牌的价值主张是品牌的核心宣言，是企业向目标消费者传达品牌独特价值和承诺的重要表达方式。通过传达精准的品牌价值主张，企业能够吸引目标消费者的关注，建立起品牌忠诚度，从而在竞争激烈的市场中立于不败之地。

什么是品牌价值主张呢？可以从两本书的观点来看，一是戴维·阿克著的《创建强势品牌》，其认为品牌价值主张是陈述、表达品牌为顾客提供的功能利益、情感利益和自我表达利益等价值。简单理解就是有效的价值主张应该促成品牌—顾客关系的建立，并驱动购买决策。二是亚历山大·奥斯特瓦德著的《商业模式新生代》，其认为品牌价值主张是客户转向一个公司而非另一个公司的原因，它解决了客户困扰或者满足了客户需求。每个价值主张都包含可选系列产品或服务，以迎合特定客户细分群体的需求。在这个意义上，价值主张是公司提供给客户的受益集合或受益系列。

品牌构建是这样一个过程：在一系列价值观、目标和特定品牌个性形象（如时尚、可信赖等）的基础上，推动公司、产品名称以及形象逐渐趋同。而价值主张的定义为：面对客户的具体需求，企业能提供的客户价值，而这个客户价值区别于竞争对手，可以让企业在较长时期内经营下去。

所以，品牌价值主张说白了，就是通过企业品牌的传达，让消费者认可企业品牌、接受企业品牌、选择企业品牌，如此企业品牌就有了与同类产品竞争的能力和资本。

例如，飞鹤奶粉传达的价值主张是"更适合中国宝宝体质"，珀莱雅的品牌价值主张是"为所有消费者提供科学、安全、见效快的前沿科学肌肤解决方案"。在很大程度上，品牌的口号就是价值主张的陈述。通过口号实现与消费者的沟通，从而说服消费者购买。

一个品牌打造的产品，其本质是消费价值的判断，消费者认为值得就会继续消费，觉得不值得便不会重复消费，其中的原因很复杂，但归根结底是基于价值的体现。例如，可口可乐是全世界最有名的品牌之一，该品牌不但影响了几代美国人的生活，也影响了中国人的生活。可口可乐的CEO说过：如果我们的公司和工厂在一夜之间被烧掉了，我们也不会因此垮掉，因为我们的市场还在，我们的品牌已深深地植根于消费者心中，成为他们生活的一部分。可见当品牌达到一定高度时，品牌和产品是可以分开的。

品牌之所以能够得到人们的信任，不仅仅是因为一个标志或名称，而是公司对消费者的承诺，它传递给消费者的不只是功能性利益，还包括情感、自我表达和社会利益。但一个品牌又不仅仅是承诺的兑现，它更像一段旅程，一段由消费者每次与品牌接触而产生的感知与经验所发展出的消费关系。这样的关系，使得品牌变成了无形的资产，拥有了变现的能力和持续不断地实现盈利增长抢占消费者心智的影响力。

比如，苹果公司在成功树立具备创新精神、引领用户体验的品牌形象后，手机销量一路飙升，树立起手机行业的标杆形象，形成了极高的用户黏性。后来的小米也是如此。而直到现在仍被称为我们的民族品牌的华为，也是靠着品牌的价值占据了手机市场的老大地位。

品牌核心价值能否触动顾客的心智成为企业营销活动成败的关键，更是企业立足市场的根基。品牌消费逐渐成为顾客表达自我内心世界、价值观、审美情趣，甚至是个人身份地位的载体。

好品牌一定是走入消费者内心的品牌。品牌深入人心，根植于消费者的心智，品牌与消费者之间的沟通不再是产品基础层面的沟通，而是与消费者内心的深层次沟通。

品牌核心价值不是企业自有的，它来自消费者的心声，可以说消费者才是企业最好的老师。一个品牌的核心价值只有贴近消费者的内心需求，体现出对消费者的细致关怀，才能拨动消费者的心弦，获得消费者的认同和喜爱。

对于企业品牌而言，它的核心价值究竟以哪一种为主，应该以产品或服务的特质与目标消费者有多大的利益关联，及能与竞争者形成鲜明的差异为原则。

品牌价值主张是需要表达出来的，表达的方式有许多种，例如通过广告宣传语、标语、讲品牌故事等。这些表达方式应该简洁明了，能够快速传达品牌的核心价值和独特魅力。总之，能够让消费者花最少的时间感受到品牌的魅力就是最成功的表达。品牌核心价值不仅要体现在传播中，更要体现在营销乃至整个企业价值链中。

品牌的识别与定位

所谓品牌的识别与定位，就是指企业的产品及其品牌基于消费者的生理和心理需求而形成独特的个性和良好形象，从而在消费者的内心占据一个固定的位置。如果没有品牌的识别与定位，企业的品牌就会与其他品牌无异，令消费者无法有效识别，如此品牌就失去了脱颖而出的机会，更谈不上被消费者记住。

品牌定位就像我们每个人一生中总有那么几次在夜深人静时思考的"我是谁"这种问题。不同之处在于，生而为人，"我是谁"的问题可能永远无果，但开门营业品牌定位的问题却是一定要想清楚的。品位定位是将你的产品或服务与竞争对手区分开来的根本特征。精准的品牌定位可以让企业在众多同质化产品的竞争中脱颖而出，让消费者关注并产生购买偏好。比如想吃比萨了，大家会立刻想到"必胜客"；想买一部豪车，大家第一时间会想到奔驰、宝马；想买手机了，人们第一时间会想到苹果、华为；提起搜索，大家会想到百度、谷歌、360；提起电脑，大家会想起联想，这就是品牌定位的影响力。在进行产品市场推广前做好品牌定位，能够极大地减少企业的推广成本和消费者的记忆成本。

一个品牌想要具有识别度，定位时不是要考虑所有消费者，而是要找到目标消费者。对于企业而言，永远要记住，不要指望能把产品卖给所有人，只要能卖给某一部分人便会有可观的利润。所以，品牌定位有三个关键：一是目标消费者定位；二是品牌类别定位；三是品牌级别定位。

（1）目标消费者定位。这是非常重要且基础的一步，即搞清楚产品要卖给谁。比如，企业产品的定位是经济能力不太宽裕的消费者，他们要解决的是温饱问题，所以价格是他们关心的，什么便宜他们买什么。如果企业产品的定位是中端消费者，他们的消费水平高，往往为了面子去消费，得让他们有面子才行。如果企业产品的定位是高端消费者，他们需要的更多的是心理层面的满足，比如很多人买奢侈品和高档化妆品，就只是为达到心理的满足。理解了这一层，企业就可以将品牌与目标人群进行匹配，找到品牌的真正消费者。记住，不要试图将同一个产品卖给不同年代的人，目标人群的定位一定要精准。

（2）品牌类别定位。不同的行业定位不同，同一个行业服务的对象不同定位也不同。比如，你是卖家电的还是卖化妆品的？你是卖酒水的还是卖服装的？这是不同行业的定位。再比如，你是卖家居的，那么具体是卖床上用品的还是卖桌椅的？这是属于同一个行业不同品类的定位。所以，需要用品类思考，用品牌表达。苹果这个品牌很强大，但让苹果持续盈利并占据消费者心智的是苹果的品类，苹果的产品不只有手机，还有电脑、MP3、台式机等。所以，无论你做什么，都要给自己的品牌进行类别定位，且将赛道分得越细越好。如果你是做美容行业的，可以只选纹绣去做；如果你是卖酒的，可以只卖高端葡萄酒；如果你是做服装的，可以只做棉麻类的……这就是给自己的品牌进行类别定位。比如，江小白发现，小曲清香型白酒，手工精酿、纯天然、口感柔和，更加适合青年群体饮用，于是，便通过将一句句颇具文艺性的文案印在酒瓶标签上，而迅速爆火出圈，赢得了年轻消费者的喜爱。比如格力，其最早的定位便是从空调这一细分市场出发，一句"好空调，格力造"一则传递了格力专注于空调这一细分市场领域；二则强调了格力品质，以通俗的语言传达给消费者。而随着时代的变迁，消费者对于品牌、产品的认知加强，"好空调"显然不能让消费者信服，于是格力将定位转向科技，一句"掌握核心科技"，强调了格力的科技创新，满足了现代家庭对家电产品的需求；再配合多种营销手段、企业领导人的形象塑造等，加强了消费者对格力的认知。

（3）品牌级别定位。在市场上，任何品牌都有级别之分，因此企业要找到自己品牌的级别。基础级别是通过商标就能识别的品牌，例如沪上阿姨；功能级别就是告诉消费者购买的理由，如怕上火喝王老吉、去屑就选海飞丝，云南白药创可贴含止血药的创可贴；较高级别是通过情感打动消费者，如迪士尼的底色是欢乐、奔驰是尊贵和身份；更高的级别是通过文化与消费者产生共鸣，例如耐克的 just do it（想做就做）；最高级别就是为消费者量身定做的，聚焦某类人群，作为该人群的陪伴者出现。

品牌定位的方法较多，企业要依据自己的情况使用不同的定位方法及定位模型，最终确定品牌的与众不同和可清晰识别。

品牌定位在企业进行品牌建设过程中起着非常重要的作用。如果企业想细分行业，找到自己的目标客户群体，就必须进行品牌定位。良好的品牌定位可以帮助企业及时在市场上找到自己的有利位置，同时发现企业的特点，有利于以后进行线下活动，并有针对性地提供产品和服务。

通过分析竞品找到自己产品的优势和劣势

品牌定位不但要知道自己是谁，还要知道竞争对手是谁，如同《孙子兵法·谋攻篇》中说的："知己知彼，百战不殆；不知彼而知己，一胜一负；不知彼，不知己，每战必殆。"因此企业要知道在相同的领域，谁的产品跟自己平分秋色，甚至能够抢走自己的利润。

竞品就是竞争对手的产品。分析竞品是要通过对比自家产品和竞争对手的产品在各个维度上的指标，明确自身的优势、劣势和机会，提取和学习竞争对手产品的优势，避开劣势，找出还没有被挖掘的机会。通过分析竞品了解竞争对手的市场情况，达到为产品做决策支持、学习借鉴、市场预警的目的；让企业了解自身产品的优点和缺点，判断内外部环境对自身产品的威胁。

做竞品分析是带有目的性的，一般需要以下几个步骤：

第一步，明确竞品分析的目的。企业做竞品分析是要做整体市场宏观角度的参考还是要分析竞品中某个功能或模块其背后的用户需求，还是关于某个产品的功能想要调研借鉴一下竞品是怎么做的。不同的目的对于竞品分析的侧重点不一样，比如，宏观环境的分析包括政策、经济、技术、社会等因素；行业环境的分析包括客户、供应商、友商、新入者的异动等；竞争对手的具体分析包括对手的市场表现、推广手段、新竞争者等。

第二步，找到竞争产品。寻找竞争产品可以通过行业分析报告或行业媒体、网上竞品分析、各类搜索引擎关键词搜索。竞品有直接竞品、间接竞品和潜在竞品三种。其中直接竞品是指与你的产品服务的是同一类用户，满足的是同一类需求的竞品，例如网易云音乐、QQ 音乐、酷我音乐、酷狗音乐；间接竞品指目标用户不一致，但产品功能和特性相似的产品，如唱吧和全民 K 歌；潜在竞品是指现在没有明显的竞争关系，但未来有可能形成竞争的产品，如微信短视频、喜马拉雅都可能成为音乐平台的潜在竞争对手，未来大家可能通过短视频来听歌。

第三步，根据不同的目的从不同的维度进行分析。宏观上的不同维度可以产品定位来区分，如每个产品的侧重点是什么、目标用户的用户画像是什么样的、竞品是如何进行产品迭代的、它们的盈利模式是什么样的、它们是通过什么运营策略让用户活跃起来的等。还是以音乐平台为例，网易云音乐侧重的是歌单、DJ 节目和社交、地理位置等核心要素，主打社区元素的发烧音乐和分享音乐生活。QQ 音乐侧重的是千万级的正版乐库，业界领先的播放品质，抓住音乐潮流，给用户极大的探索空间。酷狗音乐是能够满足大多数用户对于基础功能体验的音乐 App，并且是以音乐为基础的大众泛娱乐平台。对竞品进行不同维度的分析可以从使用场景、用户行为、内容体量、产品卖点等方面入手。如果侧重分析竞品的商业模式和价值，可以通过问卷调查等手段，来了解用户的消费额度和期待等。如果是想分析竞品的某个具体的功能，可以针对某个模块单独进行分析。

第四步，做出决策或给出建议。比如通过分析竞品得出了什么结论，你的产品能够在决策和运营中做出什么反应，这些都要总结出来，同时还要获得竞品分析的数据。从目标需求中我们可以知道，要获取的数据有竞争对手的访客数、流量渠道的来源、每天的销量情况及其时间变化趋势等。那么从哪里获取这些数据呢？这个其实不难，从商品店铺榜以及竞争情报分析里基本上都可以获取到它们。

以口红产品为例。看迪奥口红（300元左右）的有1万个人。这1万个人中，有80%的人看了兰蔻口红（300元左右），有50%的人看了欧莱雅口红（100元左右），有15%的人看了圣罗兰口红（300元左右）。如果按照传统方法的竞品定位，欧莱雅是不该排在第二位的，而同样价位的圣罗兰口红的15%的交叉寻购也有点少。作为品牌方，这时候就要好好研究一下自己产品的竞品是谁了。进一步分析人群数据，并持续观察一段时间，来确定自己的竞品，最后调整目前的媒体渠道、宣传策略等。

产品具有极强的生命管理周期，所以，竞品分析也不是一次就能到位的，而是一个不断提升裂变的过程，可以从无到有、从有到优、从优到卓越，而验证成败的关键即用户体量和优质用户量。做竞品分析最重要的不是分析框架，而是首先明确分析的目的，再选择需要收集的信息；其次是"学以致用"，收集的信息要有价值，能为后续的需求判断和产品设计提供重要的参考依据。

品牌系统性建设的内涵

如今，无论多强大的品牌都必须面对信息碎片化和媒介多元化带来的影响。品牌营销和传播已经变得越来越复杂和多元，单靠之前做广告宣传这一条路径已经很难取得效果。所以，品牌需要进行系统性建设。

品牌的发展规律就是要顺应时代特征，满足人性需求（以消费者为中心），从"产品优秀"向"用户亲密关系打造"这条路径对品牌进行系统性规划。从人性的需求来看，产品好用户才说好，这是永远不变的客观规律。从时代特征来看，光有好产品还不够，还需要维护客户关系，不但要做到让消费者满意，还要让消费者喜欢，最后让消费者对品牌产生忠诚度。

品牌的系统性建设有哪些内涵呢？

（1）品牌是为消费者创造价值。能够为消费者创造价值正是品牌存在的价值。消费者对于品牌的认识就是从品牌对其价值的承诺开始的。简单理解品牌带给消费者的价值，一般包括满足需求、解决问题、赋予能力、愉悦精神等。比如，华为是"提供有竞争力的通信解决方案和服务，持续为客户创造最大价值"；美团外卖是"送啥都快"；海底捞的价值是"在顾客要求之前服务"；福特汽车是"生产大多数人买得起的汽车，让汽车进入家庭"。在品牌价值主张之下，企业要能够为消费者提供相应的产品或服务，而这种产品或服务一定是高品质的，体现在产品的可用性、便捷性、舒适性、美观性和独特性上。

（2）品牌所传递的是正能量。品牌内涵无不是向消费者传递正向价值观以及对美好生活的期望。品牌需要打造放之四海而皆准的普适文化，营造与目标消费者精准对应的特殊文化，来迎合和满足消费者的心理诉求，使其获得精神和情感上的享受与满足。戴维·阿克说："品牌文化通过赋予品牌深刻而丰富的文化内涵，建立明确的品牌定位，并充分利用各种强有力的内外部传播途径形成消费者精神上的高度认同，创造品牌信仰，最终形成对品牌的忠诚。"例如，美宝莲提出"美来自内心"的文化理念，传递的是内外兼修的美容文化；李宁的"一切皆有可能"所传递的是乐于并敢于迎接未来的生活信念。

（3）品牌是一种形象。品牌是用以识别一个或一群产品或服务的名称、象征、记号、设计及其组合，以和其他竞争者的产品或服务相区别。这种定义是将品牌视为一种特殊的符号，传递的信息主要是用于完成品牌的识别，包括品牌属性的告知、品牌价值的承诺、品牌利益的联想，最终形成对品牌的识别与区隔，乃至对品牌内涵的记忆。不论是天猫的猫、京东的狗、苏宁的狮子还是蜜雪冰城的雪人，都让其品牌形象更生动，进而在消费者心中建立起亲切的品牌形象。除了图案，声音也代表品牌形象，打开播放器时的"Hello，酷狗"、看电影时有代表性的"狮子吼"、拍照时大喊"田——七——"，这些声音都深深印刻在了消费者的脑海中，让消费者记住了品牌。消费者对品牌的识别是从符号开始的，但最终还是要归于品牌所给予的基于产品或服务属性的个人价值，也就是消费者心目中认为此产品或服务能够为他们带来什么，亦即"利益联想"。首先是功能利益。产品或服务的内在优势，与生理及安全需求有关。其次是经验利益。有关使用产品或服务的感觉，通常与产品属性有关。

（4）品牌构建的是关系。无论是企业与消费者还是产品与消费者，都是一个从生人到熟人再到朋友的过程。品牌所代表的是一种诚信的形象，诚信就是品牌与消费者之间关系的根基。诚信是源于对承诺的知行合一。品牌与消费者的关系要在产品创新与品牌营销方面形成自己的核心竞争力，树立良好的品牌形象，得到广大消费者的认同，构建以品牌为中心的整合营销传播体系，维护品牌资产，注重品牌价值的优化和品牌资源的整合，这样才能与消费者建立稳定的消费关系。例如，耐克通过打造自己的数字平台 Nike+，来打通线上和线下，从而让更多的人亲身参与到体育活动中。耐克推出多项量化用户运动的产品，用线上运动数据更加高效地引导用户运动。通过勋章激励等机制，让用户的运动变得更加系统和规律，用户也可以一目了然地了解自己每天的运动情况。再比如，小米通过点粉丝、燃爆品、烧场景，聚焦人的深度需求，打造品牌与消费者之间的深度连接。人是小米新零售模式的核心，小米构建与消费者的关系体现在与粉丝的多频互动，对当下消费者的重新理解方面，小米营销成功的基础就是粉丝。

从价值到文化、从形象到诚信，构建了消费者对品牌从认识到认知、从认可到认定的系统性品牌认知体系，该体系决定了品牌从知名度到信任度、从美誉度到忠诚度，从品牌认知转化向品牌市场转化的最终结果。这就是品牌系统性建设的真正内涵。

用创意赋能品牌传播

品牌传播的终极目的是让品牌信息抵达目标消费者，如果这种抵达具有极强的代入感和极强的感染力，就会让消费者产生共鸣，继而付诸行动。现在是一个"酒香也怕巷子深"的时代，由于同质化产品竞争激烈，如果你的品牌无法触达消费者，那么就无法与消费者建立起连接，所以，品牌与消费者关系的建立是从传播开始的。消费者在选择一个产品或服务的时候，一定是知道这个产品并了解它。如果连这个产品或服务的存在都不知道，那又何谈购买呢？所以，品牌不仅要让别人知道，还必须让人信任，这就需要用一定的创意赋能品牌传播。

品牌定位对应的是消费者对品牌的了解，而品牌价值对应的是消费者对品牌的信任。因此，品牌传播一定要紧紧围绕品牌的定位与价值来进行，这才是品牌传播的核心目的。

创意传播一定要从消费者出发，然后告诉消费者：我能做什么，我能给你带来什么。消费者对品牌形成的认知与信任不是一天建立起来的，而是一个逐渐积累和长期沉淀的过程。因此，品牌的传播靠短期的广告轰炸不能解决问题，而是需要慢慢沉淀，那样才符合消费者认知品牌的本质和规律。

对于品牌内涵的传播一定不能朝令夕改，否则既会影响到品牌传播的效率与效果，又使得消费者在对品牌定位与价值的认知上始终无法形成一个固定、清晰的印象，进而让消费者对品牌认知产生歧义，甚至是不信任感。

品牌传播是一个与消费者沟通的过程。如果沟通没有达到预期的效果，可能是因为一些方面没有做好，如表达不准、倾听不够、价值观不同、情绪错位，等等。但我们认为，所有的答案背后都有一个共同的原因，那就是你没有真正地理解沟通的本质——人性。在品牌传播过程中，要"运用人性的真理"来顺应人们的"痛点"需求，引发人们的关注与重视，这是品牌传播的"道之所在"；同时，还要"找到新鲜的看法"来迎合人们的好奇心、喜新心等天性，最终提升品牌传播的效率与效果，这是品牌传播的"术之所在"。

品牌传播，说到底是一个触碰心智、达成购买的过程。最先要想好的，就是品牌的整个话语体系的搭建，为此有一个通用的公式：用户＋场景＋问题＋解决方案。产品和服务的本质是满足消费者需求，所以在这个公式里，解决方案的质量是关键。

品牌传播一般有三个渠道，分别是自有媒体、赢得媒体与付费媒体。自有媒体如自身官网、App、社交媒体等触达渠道；赢得媒体如用户自发生产内容产生的传播；付费媒体如纸媒、网络平台、电视台、广告等需要付费的渠道。企业要根据自己产品的特性选择有利的传播渠道。

对于品牌的传播要明白其传播逻辑：

（1）为什么传？品牌传播有核心目的、主题目的和事件目的。其中核心目的就是品牌的核心价值定位，这个是在所有品类传播中都要体现的，是一个长期蓄积的过程，以达到让消费者增强认知与联想的目的。主题目的是某一个阶段为某一个主题定制的传播主题，目的在于推动品牌的知名度和美誉度，尤其是新品推出来的时候，多数会采用主题目的进行传播。事件目的是为打造品牌的热度，为品牌造势，属于趁势的点状传播，在就事论事的过程中，对品牌核心内涵进行持续性传播。

（2）对谁传？品牌传播虽然面向的是大众消费市场，但在实际传播的时候要给自己的目标用户画像，要分清楚目标人群的基本特征（性别、年龄、地域分布）；找到目标受众的内容偏好，以此为根据制作传播内容；了解目标受众接收信息的渠道，清楚他们能够接触到哪些媒体，为品牌传播的媒介选择提供参考。如果无法细分和清晰地给用户画像，可以利用智能大数据技术进行汇集和分析，进行初步的画像描述，找到并筛选出那些与品牌目标消费群体属性相符的目标受众。

（3）传什么？在传统媒体时代，传播多限于"品牌信息＋广告创意"的形式，但随着时代的发展，消费者接触的媒体越来越多样化，使得消费者对信息和广告也越来越挑剔，品牌不能自夸和自娱自乐，而是要用消费者能够接受的语言和语境来进行表达。首先，传播的内容要能够引起消费者的共鸣，不能鸡同鸭讲，要让消费者感受到品牌可提供问题的解决方案，并能给消费者带去哪些利益。其次，传播的内容要具有可读性、趣味性，在碎片化信息时代，人们的注意力非常短暂，只有新颖的内容才会引起他们的注意，不要硬广，而是要用故事性的表达方式让消费者产生情感共鸣。单纯的广告传播，无论是从形式上还是从花费上，都无法实现展开性和长效性传播。因此，品牌传播要从以往的信息吸引模式向内容吸附模式转变。

（4）在哪儿传？在传播媒介的选择方面，过去是电视、报纸、广播、杂志、互联网，而随着消费者信息接收广度的增加，品牌对于媒介渠道的选择也有了更多的考量维度。品牌的传播要与目标受众的触媒轨迹和习惯高度一致。比如，青少年以网络为主，老年人以电视为主，商旅人士以户外媒体为主，品牌要根据所针对的目标消费者选择相应的媒介渠道。如果品牌已经有了一定的知名度，那么可以选择在官方微信、官方微博、官方App上进行传播。

（5）怎么传？在确定了品牌传播的媒介之后，用什么样的形式、在什么时间节点、以多大的力度来进行传播，也是需要系统思考的。品牌传播的形式多种多样，可以是图文，也可以是视频、音频，只要是大众消费者喜闻乐见的形式就好。例如，可以选择如下的方式进行传播：

①广告。通过影视媒体、印刷媒体、广播媒体、网络媒体以及户外媒

体等，对品牌理念、产品或服务的特征进行推广，为消费者提供选择品牌的理由。

②促销。这是品牌的一种短期激励工具，如通过使用优惠券、举办活动、送赠品等方法鼓励消费者试用或购买产品或服务，以此获得消费者对品牌更强、更快的反应。

③事件营销。为了获得消费者更多的关注，可以赞助活动和项目，包括体育、艺术、娱乐、公益事件以及一些不太正式的活动，为品牌提供持续曝光的机会；或者通过创造事件，制造新热点，来引发消费者的关注。

④借助第三方力量。比如让品牌和公众进行对话，重点是用别人的嘴来夸赞自己，达到推广、提升品牌形象的目的。

⑤利用社交媒体。比如消费者之间或消费者与企业之间分享图片、文本、音频和视频信息，使消费者在深度和广度上与品牌进行互动，形成消费者主动传播—自愿接受—主动再传播的模式，加快品牌传播速度。

针对以上品牌传播中的五个逻辑，总结出在做品牌传播的时候要坚持一定的原则：

（1）传播目的要精益求精。目标越聚焦，成本越低。

（2）选择目标受众要精确。目标受众选择越精确，越能精准触达，从而越容易让品牌与受众产生共鸣。

（3）传播的内容要精良。如果内容太过泛化，不但起不到传播效果，还会浪费资源。

（4）媒介选择要精准。选择传播媒介时要注重目标人群与媒介的对应性。

（5）传播形式要精心。在品牌传播的形式上要注重与受众偏好、内容特征之间的联动性。

优化用户的品牌体验

品牌传播只是为了让品牌触达消费者，让他们知道品牌是做什么的、有什么动能，从而让他们因产生信任而做出购买行为。不过从营销的角度来讲，对品牌进行传播只是刚刚迈出了品牌营销的一小步，真正让用户对品牌持续热爱并成为品牌的坚定拥护者，还需要持续不断地优化品牌体验这个核心。

品牌体验是什么呢？是消费者从"看到品牌"开始，接着"注意到品牌"，然后"了解品牌"，慢慢开始"接触品牌"，逐渐"喜欢上品牌"，到最后"爱上品牌"，并不断消费和推荐消费的过程。

消费者在没有体验品牌之前，所有对产品的了解都是基于广告或别人的推荐等抽象的印象，在经历过品牌体验后，消费者变成了使用者，对产品更有话语权；而那些发生在购买之前的品牌体验，则直接决定了产品的价值感。另外，产品的体验好或不好完全由消费者说了算，好的消费者体验会促使消费者迅速晒在朋友圈或微博，从而影响很多人，反之亦然。比如淘宝卖家，100 条好评抵不过 1 条差评，就是这个道理。

消费者对于品牌的体验不是从使用品牌开始的，而是从看到品牌的那一刻开始的。品牌要想给消费者打造不错的体验感，需要认真围绕消费者的听、视、嗅、味、触觉等多个角度进行。不要忽视任何一个可以让消费者感知品牌的触点。务必在消费者接触品牌的第一时间就设置所有可能触发的卖点。比如传播、产品、服务、线上线下的销售环节，甚至到每一个用户的真实反馈，都需要在适当的时机做出刻意又准确触发卖点的引导。

用户体验贯穿在用户使用产品的每一个细节中，做得好能成为产品制胜的关键。品牌体验是多个环节的体验综合起来的感受，如产品体验、消费体验、服务体验、文化体验等。

（1）产品体验。一个好产品的基础是能为消费者解决问题，首要的特征是安全与功效，也就是质量问题。无论是做产品还是做服务，质量好才能让消费者感受到价值。产品体验还要保障消费者在使用产品的过程中产生快捷、舒适等良好感受，而不是因为产品带来麻烦。俗话说"用户是上帝"，即产品是否有良好的用户体验决定了产品的用户量、粉丝量和受欢迎程度是否能节节攀升。产品好用户就用，进而用户量就多；产品差用户就不用，进而用户量就少，这是一个特别浅显的道理。例如，某药厂的复方丹参滴丸最开始的用户体验并不是十分完美，每次患者服药的时候都需要小心翼翼地数颗数，手一抖容易倒多，把多倒出来的重新灌回瓶中会有"污染"的担心，甚至有时候药丸会掉到地上，捡起来不卫生，扔了又浪费钱。而且从手中送往口腔时个别药丸还会沾到手上。于是，该药厂在原包装中附加了一个长度恰好能装10粒滴丸的小管，优化了用户体验。

现在的消费者对于产品的个性化体验需求越来越重视，已经远远超出了物美价廉、实用安全的标准，可以说对产品体验的追求已经进入了全方位的时代。因此，产品必须在具有实用性的同时兼具体验的舒适性和外观的美观度，才可能获得消费者的青睐。

（2）消费体验。关于消费体验，消费者最看重两点：一是价格优惠，二是购买便利。这也是目前互联网电商大行其道的原因。如今的消费者不仅重视产品或服务给他们带来的功能利益，更重视在购买和消费产品或服务的过程中所获得的符合自己心理需要和情趣偏好的特定体验。诸如价格上的优惠度、购买渠道上的便利度、购物过程的满意度，以及购买决策和售后风险的处理，等等。当代年轻人偏向寻找店面环境舒适、服务态度良好、提供个性化购物体验的实体店或线上商店，他们不仅注重购买商品本身的品质和价格，也注重和品牌的情感、文化、故事等因素的联系。例如，某公司在销售产品的过程中记录了消费者在决定购买产品时所用的时间，经过不断观察后，该公司发现商品的摆设和品种对消费者的购买有影响，于是做出了调整，从而使消费者在最短的时间内选购到自己想买的商品。这样做不仅提升了消费者购物的速度，让购物更快速，还减少了消费者购买时的决策成本和等待时间，增加了消费过程的愉悦感，优化了消费者的消费体验。

（3）服务体验。品牌所做的服务本身就是给予消费者价值增值的表现，一个品牌的产品再好，如果消费者感受不到良好的服务，也会影响对该品牌的体验度。消费者是利润的提供者，不能将其视为售后成本的制造者，因此需要为消费者提供优质的售前和售后服务，才能完成品牌的综合价值体验。例如，海底捞，就是以优质的服务体验打造出了众口皆碑的品牌效应。再比如华为，有着全球统一的十大管理平台，形成了全球行政服务体系，能够做到 24 小时响应，全天候为世界上任何一个角落的华为人提供支持与帮助。这就是华为总部的功能，它不是一个专门负责审批的机构，而是一个面对客户的支持服务体系，是一个资源配置的系统平台。

（4）文化体验。品牌的价值和内涵无不代表着它背后想要传达的文化。随着消费者消费意识和生活水平的提升，对于物质之外的文化需求也日益提升。品牌文化可以让消费者在享用商品所带来的物质利益之外，还能得到基于社会层面的心理满足。例如，苹果公司就是靠着强大的文化体验俘获了粉丝的心，并打造了强大的用户忠诚度，使得苹果可以永葆创新。再比如，茅台酒品牌，通过各种手段扩大产品知名度，在各省全年开展各类活动，实现超百万人次的参与，聚集粉丝文化，通过打造"茅粉节"、推出"二十四节气酒"打造中国文化名片、举办"茅粉嘉年华""茅台王子·明亮少年"等营销活动，加深消费者对于品牌的印象。市场营销和品牌竞争的实践证明，品牌的文化内涵是提升品牌附加值和产品竞争力的原动力，是企业的一笔巨大财富。品牌文化是企业有意识创造的属于自身品牌的独特个性，是拉近企业与消费者关系的手段；而消费者的精神需要是品牌文化的来源，是品牌文化存在的意义。

"客户体验至上"是企业在市场上获得竞争优势的重要法宝，但给客户带来完美的体验绝非易事。

对于移动互联网产品来说，要想取得成功，更需要获得产品价值和用户体验的双成功。用户体验决定产品成败，在多个有价值的同类产品中，综合体验好的产品会更接近成功。

实现品牌IP化

打造品牌，离不开品牌创新，创新已成为品牌发展的主要动力和关键特征。著名经济学家熊彼特认为：创新是研制或引进新产品，是运用新技术，是开辟新市场，是采用新原料或原材料的新供给，是建立新的组织形式。品牌对现有营销技术、方法、思路进行创新，能够较大幅度地提升产品知名度或创造全新营销模式，从而带来市场及企业所处行业格局的变化。

在品牌系统的打造中，有一个目前被产品界公认的创新手段，那就是实现品牌IP化。品牌IP化其实就是让品牌变得不只是一个商标，而是成为一种符号化的认知。在过去的大众传播时代，一条广告语、一个标准画面，就可以对用户做垂直性的宣导。在当下的社交分享时代，垂直宣导式的广告传播已让位给水平互动式的协商、沟通、使用、分享、扩散等传播方式。于是，品牌IP化就成了品牌触达消费者的必要路径。比如江小白、褚橙；再比如影视界最近产生的IP化作品，如国内的《战狼》《哪吒》等。品牌的IP化，是用IP化的理念和方法去构建和推动品牌的发展，其逻辑一定是品牌共建。而IP化品牌则无疑是在新商业时代通过品牌进化、升温而成的一个崭新事物。IP对品牌来说是可以持续输出的，不仅可以是品牌故事的载体，还可以是无负面影响的品牌代言人，更重要的是，IP能够持续性地为品牌进行营销和宣传，大大降低了品牌的宣传营销成本。IP不仅能带动原本品牌产品的销售，还能衍生品牌周边产品，为品牌开辟出一条新的盈利渠道。

IP给品牌形象加了更多元素，这些元素可以是文化，也可以是创意创新。未来，品牌与IP结合，与时尚文化等结合将是大势所趋。

以"蜜雪冰城"为例，2021年蜜雪冰城在其各阵地官方账号上陆续发布了宣传歌曲MV，因为"魔性"的"洗脑"旋律和简单的歌词，以及可爱的"雪王"IP，迅速获得关注，并于随后的时间里在各大社交媒体持续发酵。蜜雪冰城的IP定位是大众消费人群，主要包括"学生党"和职场新人，消费能力弱但消费欲望高。IP的设计思路是在雪人的基本形象上进行创作，给雪王戴上王冠，披上红披风，手拿雪糕形状的权杖，增加雪王的记忆点，点题蜜雪冰城品牌的品类。IP雪王形象由于接地气，激发了大众的情感共鸣，让大家一下子就记住了。雪王除以可爱颜值圈粉外，还通过花式互动让消费场景变得更加有趣，延长了消费者和品牌的接触时间。雪王这个IP不仅使得蜜雪冰城的奶茶卖出了圈，同时还推出了一系列文创周边产品，如"吨吨桶"水瓶、"冷泡茶"等，月销量都十分喜人。总之，蜜雪冰城一战成名后其产品销量得到了迅速提升，门店数量更是在3个月内新开了将近2000家，门店总量超过2万个。

品牌的IP化意味着这个品牌本身成了具有持续传播能力的内容源，超级内容力可以持续产生优质内容。通过挖掘品牌的人性，赋予品牌性格、文化、价值，使其更像一个有血有肉有灵魂的人，通过持续的内容生产，吸引用户参与，与用户产生精神共鸣，在与用户产生联系的过程中给予用户情怀和温度，最终实现商业价值。

例如，迪士尼这个超级 IP 帝国，有灰姑娘、白雪公主、米老鼠、冰雪女王等。迪士尼打造 IP 的路径分为自主开发、挖掘历史和并购。其自主开发的 IP 包括狮子王、米奇、冰雪奇缘等，大多和"爱与家庭"相关，主攻女性和儿童市场。迪士尼 IP 化成功的重要原因在于，培养了用户情感，建立起 IP 与用户之间情感的羁绊，走通了"先养 IP 再养用户"的路线。

再比如，故宫打造文创 IP"故宫猫"，以该形象作为创意来源，衍生出一系列灵动可爱的文创产品。例如，被称为"大内咪探"的"故宫猫"，身穿龙袍或宫廷侍卫服装，被广泛用于盲盒、抱枕、手机壳、书包、水杯等物件上。除此之外，"故宫猫"系列还在故宫创办了主题形象体验店等系列线下活动。

当流量的成本越来越贵时，IP 就成为争取流量的重要手段。在 IP 时代，品牌占据了一个 IP 就相当于占据了一个长久的消费入口，它可以持续地为品牌提供流量，在线上、线下流量都非常稀缺和昂贵的背景下，其对于品牌的意义不言而喻。

（1）品牌 IP 化带来流量价值。IP 最大的价值是自带流量，利用私域里的粉丝，有计划地输出内容，定向营销，通过累积和经营逐渐将粉丝转化为价值。

（2）品牌 IP 化带来情感价值。粉丝会因为传播内容有共鸣，而对品牌产生更深的信任，之后才会产生更深入的连接。

（3）品牌 IP 化带来内容价值。输出的内容也是 IP 的价值载体，通过内容输出为 IP 背书，内容也可以反映为个人 IP 的价值观。

（4）品牌 IP 化实现联动价值。品牌跨界联名已成为营销常用的合作手段，品牌联名通常需要在理念上找到契合点，IP 则能够提供更多联动的机会，通过 IP 间的互动，往往能碰撞出更多精彩的火花。

随着品牌的重要性被普及，越来越多的企业开始尝试打造 IP，借此让自身品牌更具辨识度和吸引力，在产品同质化严重的市场中脱颖而出。这也是新营销必须掌握的手段和方法。

品牌要打造"超级粉丝"

品牌要实现盈利且持续盈利，离不开粉丝。很多品牌都希望拥有超级粉丝群体。当消费者对品牌产生类似"信徒"般的热情时，超级品牌便诞生了。现如今是粉丝经济时代，粉丝是当之无愧的"第一生产力"，其不仅是优质的目标消费者，也是最忠诚的消费者。粉丝所带来的粉丝经济可以持续稳固和升级品牌价值，促进消费，帮助企业实现盈利。

任何一个品牌无论选择直播还是短视频，无论是线下还是线上，能够持续变现都离不开粉丝的支持。无论是普通人还是品牌企业，只要有足够多的粉丝，变现都不是事。比如，吴晓波借助粉丝为吴酒打开了市场，让吴酒走入了公众的视野中。罗振宇凭借粉丝搭建和运营起自己的自媒体，从此声名大噪，成为业界效仿的对象。小米通过建立粉丝社群，形成品牌效应和规模效应，"吸粉"能力无人能及。所以，无论何种形式的变现，其核心要素都是有粉丝聚集和参与，然后形成粉丝聚集效应，最后促成交易，完成商业变现。

那么，品牌如何才能吸引粉丝，打造属于自己的"超级粉丝"阵营呢？

（1）聚焦内容。在内容为王的时代，无论是图文还是音视频，都需要用优质的内容来"吸粉"，从而使品牌能获得进一步的传播。品牌方可以根据产品发布与粉丝相关的高质量内容。比如，某个品牌的定位是美容用品，那么它的粉丝关注的必定是一些关于美容化妆方面的内容，它的用户就是18~58岁之间的群体。根据这些信息，商家就可以有针对性地发布相关的文章来引流客户，而不是觉得哪类文章，阅读的人多，就去写哪类文章，导致即使文章阅读量很大，但吸引过来的粉丝却非常少，而且还不精准。假设你做的是美容美体用品，那么每天发布的文章和推送的信息一定是和美容化妆、健康减脂有关的，即使每天吸引来的粉丝不多，但只要是被吸引来的，就一定是精准粉丝。

（2）发布活动。品牌不但要通过硬性的广告来宣传品牌吸引粉丝，还要不定期地发布活动。例如买家晒图赢福利、参与投票、点选送礼品等，吸引粉丝参与互动、提升活动曝光度、与粉丝建立情感联系，形成一波对品牌口碑的自发传播。此外，也可以通过活动招募粉丝。比如品牌的用户如果是偏女性人群，那么就可以先做好社群定位，然后把社群的招募活动和社群二维码发布到微博、自媒体平台、朋友圈去招募相关的人群。招募到人后，可以把精准用户导入到微信和公众平台，然后在社群、公众平台、朋友圈同时做推广活动，链接潜在用户，激发其下单。

（3）与用户共创。粉丝经济模式下，用户参与度是增加用户黏性的一个重要指标。提升用户参与度，首先要让用户有兴奋点，让用户持续喜欢这个品牌，可以邀请其参与到品牌建设中来，通过一起创造价值、传递价值，把买卖关系变成共创共享的粉丝关系。比如小米在创立初期就非常注重用户的参与度，瞄准了"手机发烧友"这一群体，主动与他们交流互动，为小米宣传的同时，更为小米品牌培养了众多忠实粉丝。

（4）把粉丝变成合伙人。品牌在招募粉丝的时候通常会用交流群、学习群这样的基础社群寻找精准用户，然后再分化出会员群、折扣群、福利群，通过不同维度激活用户复购。除了招募粉丝，也可以采用分销合伙人的形式，具体就是先建立几十个基础群和营销群，然后在这些群里招募分销合伙人，合伙人可以直接通过社交电商平台申请入驻成为分销店主，通过自购省钱、分享赚钱等方式帮助社交电商平台获取更多的流量和销量。

（5）给粉丝惊喜，持续锁定精准粉丝。吸引粉丝是基础，维护粉丝是关键。只有不断给粉丝惊喜，才不会让他们变成"僵尸粉"。比如，要不定期地给粉丝抢红包、送福利、拼手速抢超值，或者定期为粉丝推送打折优惠消息等，这些都是变着花样儿给粉丝送惊喜。留住粉丝后，激发其复购率也很关键。因此，每天可以在社群中推送会员专享商品、专享折扣，以及专享的福利优惠券激活会员用户，增强其黏性，增加其复购率，提高产品销量。

品牌靠粉丝赢得利益，所以时刻把粉丝放在心上、时刻在粉丝身上用心思是真正有意义的事情。这就是互联网企业与传统企业的区别，传统企业是"先产品，后用户"，互联网企业的逻辑正好倒过来，坚持"以人为本"，有了粉丝，什么都可以装进来。

粉丝的积累需要时间，粉丝是带信任的流量，是变现的基础和关键。粉丝要先了解品牌、喜欢品牌，进而信任品牌，然后才会购买品牌的产品或服务。同时，粉丝也强调互动，在互动中才有信息的分享和价值的传递，才能带来信任感和参与感，进而产生放大效应。

品牌维护和口碑积累

企业如果想实现永续经营，就要解决两个问题：一是增加用户数量，实现消费群体的增加，这意味着销售量的增加；二是增加消费频次，在消费群体无法增加的情况下，让消费者增加消费频次，形成重复性消费。重复性消费的关键是让消费者对品牌或产品产生一种依赖感，形成"成瘾性"消费，进而变成品牌的忠诚客户。让客户对企业忠诚是一件非常困难的事，其一企业必须有过硬的品牌效应，形成大众认可的口碑；其二企业要拥有超强的服务意识和体验思维，打造让客户难以抗拒的服务体验，这样才能实现客户对品牌的持久专注。大部分企业在品牌打造上颇下功夫，但在服务意识和体验思维上用力不足，导致客户的负面体验给企业带来不利的影响，最终造成客户的流失。

普华永道 2018 年"未来的客户体验"报告中指出：

32% 的人在经历了一次糟糕的客户体验之后就会改换品牌。

28% 的人会在网上吐槽，给予差评；

26% 的人会在社交媒体上抱怨引起别人的关注；

13% 的人会把这种不好的体验告诉朋友和同事；

10% 的人会向社交媒体反映，导致更坏的影响……

客户不断流失的企业就像不断失血的人，又如何变得强大，健康发展呢？因此，企业要进行品牌的维护和口碑的积累，使品牌能够一直以正面形象存在。

无论哪个时代，都要牢记"好事不出门，坏事传千里"，品牌形象更是如此，不能让好不容易建立起的品牌形象被负面口碑毁损。

比如，某女车主坐在发动机盖上维权的事件就是一个很好的反面教材。该女车主体验了××4S店的糟糕服务，于是在有理有据维权的过程中被拍下了视频上传到网络，短短24小时上了热搜榜。迫于压力，某品牌汽车公司不得不公开道歉。汽车公司原本可以在问题出现之视做出超出车主预期的售后服务，却因眼光短浅选择了短期的小利，以致一步步把自己推向风口浪尖，引来差评无数。要知道，再大的企业，如果信誉受损，也会对自身发展造成严重的影响。

过去，没有互联网，消费者无法组织起来，商家和消费者之间信息不对称，消费者完全处于弱势。消费者对商家所售产品的认知大都来自商家的单向传播，商家说什么，消费者就只能相信什么。而互联网改变了人与人之间的联系，改变了信息传播的方式。一部手机可以让消费者快速连接，形成消费者社群。如果一个人的体验不好，就会同时影响他身边的N个人，然后这些人又将品牌的负面消息传播给其他人，进而形成连锁反应，给企业带来的损失将无法估量。要知道，一个普通人的微信至少都有100个好友，多的可能有几千人的好友，如果其中有一个人有这种不良体验，发了一条朋友圈，有一半人看到，那么就会有50个以上的人知道这件事情，这50个人再去转发这条朋友圈，会有更多的人看到。除此以外，有些人可能还会在简书、微博等平台上提到这件事，那样看到的人就更多，这样传播下去，短短几天之内就可能让一个企业名誉扫地。

口碑营销受到很多企业的重视，但是，也有一些企业为了一己之私，不惜制造虚假的口碑来欺骗消费者。这些企业可能在短时间内欺骗了一部分人，但是无法长时间欺骗所有人。虚假的口碑一旦暴露，对它们来说必将是搬起石头砸自己的脚。

老话说得好，金杯、银杯，不如老百姓的口碑。在这个人人皆分享、处处看好评的时代，如果你的品牌不重视口碑，不但无法变现，还可能会一蹶不振。

因此，品牌维护和口碑积累的意义重大。总的来说，品牌形象的维护和口碑积累需要做到以下几方面：

（1）建立诚信和质量保证，提供优质的产品和服务。

（2）建立良好的沟通和售后服务渠道，积极回应客户反馈和投诉。

（3）加强对产品和服务的监控，及时处理质量问题。

（4）积极参与社会公益活动，树立良好的企业形象。

（5）建立品牌价值观，始终做到诚实、负责、创新，让客户有实至名归的感受。

只有诚实守信的商家才会在不断反转的舆论风口上站稳脚跟，进而得到越来越多人的信赖。

第四章 营销系统：低成本获取流量的核心打法

营销的前提是市场分析

营销在不断发生变化。最初是卖产品的 1.0 时代，市场环境供小于求，营销模式是 B2B，营销的核心是产品开发，只要将产品的功能做出来，就能找到消费者。到了卖服务的 2.0 时代，市场环境供求达到平衡，营销模式是 B2C，营销的核心是服务的差异化，主要满足的是消费者的功能和情感需求。到了卖价值的 3.0 时代，市场环境供大于求，营销模式变为 C2B，营销的核心是找到价值锚点，主要满足的消费需求是功能、情感和价值。

因为营销的整个环境在发生变化，所以在做品牌营销之前进行市场分析是基础和前提。被誉为"现代营销学之父"的菲利普·科特勒曾经说过："不事先做好调查就想进入市场，就像是在眼睛看不见的情况下进入市场。"

市场分析的第一步是进行宏观经济分析，也就是从宏观角度解读所在行业的经济发展状况。例如，现在移动互联网行业、数字技术类行业发展势头正盛，国家对此大力支持，不仅有政策扶持，技术也较成熟，社会方面也有人才供应。

第二步是分析行业的市场现状，可分为导入阶段、发展阶段、成熟阶段和衰退阶段。其中导入阶段是指行业刚开始发展，这个阶段往往竞争对手较少，但也会有很大的风险，未知的领域、未知的商业模式，能不能存活下来都是未知数。发展阶段是指行业进行了一段时间，处于向上发展阶段，这个阶段竞争对手的最多，因为行业内出现了成功的商业模式。成熟阶段是指行业用户基本固定，只有少数一两家成为行业寡头，霸占着九成以上的市场。衰退阶段是指行业整体处于衰退期，行业受经济政策环境影响下行、萎靡，甚至到了入不敷出的地步。

第三步是分析自己品牌的商业模式，主要分为商品服务模式、流量变现模式和长尾模式。其中商品服务模式是指通过自营商城或者平台贩卖物品，达到盈利的目的；流量变现模式多种多样，直播的打赏和竞猜、平台的广告链接、知识付费等都属于流量变现模式；长尾模式，是指开始不受重视的销量小但种类多的产品或服务，由于总量巨大，累积起来的总收益超过主流产品的现象。

通过上面的分析，发现自己产品的市场优势，知道自己的品牌为什么可以赚钱，能赚多少钱。如果不具备强大的优势，可以针对所分析的产品的劣势和不足进行改进，以达到适应不同的市场阶段、市场规模和用户，以及增加市场份额的目的。

市场分析的目的是从各个细分的消费者群中辨认和确定目标市场，针对客户的特点采取独特的产品或市场营销策略来获得最佳收益。

此外，市场分析也是一个寻找用户痛点的过程。

痛点就是用户在日常的生活当中所碰到的问题、纠结和抱怨，由此需要找到方案来解决这些问题、解开这些纠结、抚平这些抱怨，以回归正常的生活状态。

比如，对于苹果产品的用户来说，遇到好听的音乐想要设置成铃声，这个需求很自然，却无法完成。这就是一个痛点。

比如交燃气费，需要转乘公交去某个离家比较远的地方，交完之后，用户发一条吐槽到朋友圈："交个燃气费要跑半个城，不能转个账解决吗？太落后了。"这就是一个痛点。

比如，可口可乐诞生时会迅速风靡，是因为其主打的健康概念。当时美国流行酒精饮料，而人们也清楚酒精是不健康的，所以当可口可乐打出"伟大国家的无酒精饮料"这样的营销标语时，它一下子就火了。但是因为可口可乐含糖量高被贴上了不健康的标签，用户的需求也随之下降，怎么办？于是，可口可乐公司推出的新广告叫作"享受这一刻"，鼓励大家别太苛责自己，别为了长期的健康把眼前的日子过得太苦。你看，用户的缺乏感又被唤醒了。

通过市场分析找到了用户的痛点以后，下一步就看企业的品牌能否解决用户的痛点。明白了这一点，才是真正营销实践的开始。看品牌能否解决用户的痛点，需从以下几方面进行分析：

（1）用户可能会在什么时候使用产品？产品推介时，必须选择合适的时机，同时还要考虑用户的停留时间、使用高峰时间和跳出时间。

（2）用户可能在哪些条件和环境下使用产品？针对不同的环境条件，如不同的操作系统环境、不同的地理位置等，要有不同的方案。

（3）用户了解产品新功能的目的是什么？是现有产品没有满足用户需

求还是仅仅跟风凑热闹？

（4）产品的功能是什么？产品基本功能和辅助功能的相互关系如何，用户到底需要什么功能？除了我们的产品，市场上还有可替代产品吗？

（5）用户怎么使用产品？使用产品的流程是什么？怎样更省力？产品符合用户的使用习惯吗？体验怎样？用户使用产品需要付费吗？需要付多少？是否超出了用户的支付能力？用户的使用频率如何？是经常使用、偶尔使用，还是不定期使用？

营销的基础是拉新

品牌实现增长有两个考量因素，一个是销售额，一个是市场份额。销售额等于顾客的数量，乘以客单价，再乘以购买频次，就是销售额。而市场份额是自己企业的销售额对比别家企业的销售额，对比大盘的销售额，能占到多少。

那么，这两个因素中，品牌方自己能控制销售额吗？或者说从哪些方面入手可以实现销售额的增长呢？

品牌方既不能盲目提高客单价（也就是涨价），也做不到让顾客一次购买很多，最可控的是用更多的顾客来带动销售额的增长。销售的来源，即品牌增长的本质来源，是新顾客，所以拉新是品牌营销最应该做的事情。

拉新就是拓展新客户。拉新的方式有很多种，需要根据自己产品的目标群体进行有针对性的推广。最常见的推广方式有以下几种：

（1）分销。品牌可以建立属于自己的粉丝群，通过奖励等方式刺激粉丝主动分享转发，形成分销模式。分销可以分为一层或两层，一层就是 A 把产品分销给 B，A 能获得奖励；两层就是 A 把产品分销给 B，A 能获得奖励，B 把产品分销给 C，A 也能获得奖励。分销的佣金可以设计为固定佣金和百分比佣金。固定佣金就是，分销一个产品，获得一笔固定佣金；百分比佣金就是，分销一个产品，可以获得产品总销售额对应百分比的佣金。进行分销裂变，需要设计合适的门槛、合适的分销层级和合适的佣金。

（2）做任务拉新。通过完成相应任务可以获得相应奖励，以此刺激用户分享转发，实现拉新。如朋友圈保留 × 小时、分享到 × 个群、邀请多位好友可获得礼品等。通过活动奖品吸引用户，让用户邀请好友助力完成既定任务，然后领取奖品。在拉新的过程中，用户分享传播得到好处，主办方提供奖品获取粉丝，双方互惠共赢。

（3）官方招募队长。确定队长人选后，队长自行招募队员。例如，"蚂蚁森林合种"就是一种组队拉新的方式。利用这种方式，可以邀请家人、朋友等一起收集能量，一起种树。可以创建的合种小队有爱情树、家庭树和好友树，每人最多可以参与 10 个合种小队，其中爱情树小队限制 2 人，其他小队最多可 60 人参与。再例如，"微信读书抽卡组队"互动，是微信读书的每周日常活动之一，以读书卡为奖励，吸引用户自己邀请 5 个用户组成一个小队，队伍满员后可在固定的时间获得奖励。

（4）现场拉新。品牌可以通过线下做活动，设置奖杯、证书的方式，刺激参与活动的用户主动分享转发，从而实现拉新。这种拉新方式适用于教培、知识付费行业的线下训练营临近结束的时间，因为这时用户已经对机构比较认可，不会像刚开始时那么抵触。通过顾客进行拉新时要给予顾客相应的小福利，在设计小福利时需要考虑到预计拉新的人数、成本、海报等内容，尽量每个环节都要考虑到。

（5）输出内容进行拉新。通过持续输出垂直、高质量的内容，吸引用户分享转发，从而实现拉新。比如知乎问答、公众号文章、抖音快手视频号的短视频或B站中长视频等。在自媒体上投放的内容，接受者在没有付费的情况下自动转发，就是拉新。想要实现输出内容的拉新离不开三个条件，分别是有持续恒定的价值观、围绕人性和调性开展内容生产、内容的持续输出和某个领域的专业度。比如，法学教授罗翔老师被称为政法界的郭德纲、刑法单口相声一级选手、新晋B站顶流、一天一百万粉丝光速涨粉机、法外狂徒张三创始人、一丝不苟治学严谨的B战法考第一网红等，这就是依靠内容价值产生的粉丝拓展。

（6）老带新。通过维系好老客户，并提供超出预期的服务，来激发用户主动分享转发的动作，从而实现拉新。一些会员制的App、团体主要用的都是这种裂变方法。简单点说就是深挖客户的社交资源，将促销、拼团等宣传活动由一个客户辐射到他的"社交圈"，来实现客户的低成本高效裂变，并形成由宣传到建立"鱼塘"再到完成交易的"闭环"操作。想要实现口碑拉粉，离不开从"价值输出、客户需求、极致服务"等方面建立基础，后续才有自然而然的涨粉。

（7）地推拉新。地推就是在线下人流量比较大的地方进行推广引流，一般可以通过送小礼物的方式来达到引流的目的。通过在线下发放合适的礼品，让用户扫码关注或下载App，从而实现拉新，比如，美团团购、叮咚买菜。地推要注意场地和人群的选择，可选择的场地包括社区、快递站点、公园、大学门口或者宿舍楼下等。

（8）拼团拉新。利用2人、3人、5人成团可获得相应优惠力度的方式，刺激用户主动分享转发，从而实现拉新。以往的拼团是用户为了得到优惠而抱团的一种购买策略，但自从拼多多、滴滴、瑞幸咖啡等出现后，拼团便变成了商家的一种重要营销手段，也是拉新非常有效的方法。

（9）与其他商家合作拉新。这种方法比较适合同一商圈，比如，某商圈教育机构联合起来，每家提供一些福利，组成超值大礼包，对用户来说非常超值，对机构来说每家都能吸引新用户。再如，门店广告位、线上公众号、自媒体等渠道资源互推共享、互换流量。商家之间客户信息共享，打造公共客户池。一个商家的商品或服务可以作为另一个商家的赠品，或者是多方代销分成。异业合作联合促销，或者是搭建联盟会员积分体系，积分兑换、抽奖相互引流。

营销活动要面向目标客户

产品和服务能够大卖的关键一步是确定目标客户。目标客户，就是最有可能买你产品和服务的那群人。只有对目标客户做出了明确的定义，才能制订和实施相应的营销计划，让产品和服务的销量有更好的表现。

营销是需要策略的，所以想要实现更好的产品营销，需要提前策划营销活动。营销活动的目标是找出活动成功的原因和方法。首先，准备一个目标客户名单，列出一个核心问题：有多少活动参加者在你的目标客户名单上？当目标客户参与的比例低于一定程度时，营销的回报率往往呈递减趋势。

其次，与部门人员进行探讨，那些最为成功的活动，其关键的因素是什么？哪些你认为的目标客户会出现在你所列的名单上？如果你事先没有花时间聚焦正确的客户，也没有与销售团队紧密合作，就很难策划一场有效的营销活动。

例如，某个行业领先企业的管理者做营销活动确定目标客户时说："我们最近决定，通过大幅提高订阅费用，排除相当一部分规模较小的中型市场客户，进而专注于企业级客户的业务。我们已经创建了一个初步的目标客户名单，希望提高在企业级客户中的知名度。"但是，他们并没有对这些企业级的客户进行深入的研究，他们认为这些客户并不熟悉他们的网站。事实上，这些他们认为的企业级目标客户已经知道这家企业，并且也访问了该企业的网站，但企业级客户的跳出率几乎是中型市场客户的两倍！其根本问题是该网站没有识别出企业级客户的身份和需求。了解到情况后，该企业重新创建了一个面向企业级目标客户的主页，突出了其市场定位。例如，该企业展示了企业级用户的 Logo（标识），并经常在网页上出现"企业级"这个词。之后的调查结果表明，目标客户的跳出率下降了50%。

所以，做营销活动时要先分析并找出目标客户，然后吸引目标客户，让他们为你的产品或服务买单。

要对目标客户进行个性特征的分析，比如列出一些关键问题，如他们喜欢在哪些商店购物？是什么促使他们进行购买？谁影响了他们的购买决定？他们去哪里寻求建议或信息？他们使用哪些社交媒体网站？他们经常消费什么类型的媒体？然后再分析目标客户的兴趣、爱好和价值观，如他们如何度过休闲时间？他们有什么爱好？他们支持什么事业？什么对他们来说是重要的？他们想实现什么目标？实现这些目标的障碍是什么？企业的产品或服务如何能使他们更容易达到目标？

比如，史玉柱做脑白金和黄金搭档的时候，考核业务人员有一个标准，就是能不能很生动、很形象地描述客户15分钟，从他住多少平方米的房子，拿多少钱的月薪，几点钟起床，甚至用什么牌子的牙膏，早餐吃什么，坐什么车上班，上班时间、路程大概是多少，喜欢看什么报纸、看什么新闻，午餐吃什么，晚餐吃什么，几点睡觉等。

想要卖出产品，赚到钱，就要做到对不同的目标客户运用不同的营销方式。

Roseonly（诺誓）的目标客户是都市白领，有品位、追求浪漫时尚。Roseonly锁定其中的1000万人，满足他们用最美丽的玫瑰花传递爱的诉求，将营销定位于"爱"。

有趣的是，当Roseonly粉丝达到40万时，虽然男女比例是2∶8，女性远多于男性，但购买群体中70%~80%是男性。目标客户在购买玫瑰花时，会全渠道搜集信息，选择最好的玫瑰花，然后完成购买；消费过程也会多渠道地与朋友分享，如发微信、发微博、口碑传播等。

真正的目标客户，其特点与产品特点最相匹配，因此企业一定要找到产品直接针对的群体，他们才是企业的目标客户群体，是"准"客户。

找到了目标客户以后，接下来就是吸引目标客户的注意力。首先，必须与目标客户名单直接挂钩，重视目标客户与企业的互动质量，重点关注目标客户对企业 App 的下载数量和比例，企业触达目标客户的效果如何？活动能否获得这些目标客户的响应？企业的总体数据和目标客户做出的响应数是否成正比？如果目标客户对企业的响应数下降了，那么说明企业的营销活动不太成功。其次，要关注目标客户的渗透率。由于大多数 B2B 销售涉及多个决策者，因此互动程度可以成为一个主要指标，显示目标客户对企业的产品有多大的兴趣。企业的目标是将相关信息传递给所有参与购买决策的人。企业交流的目标客户越多，能为销售团队提供的支持就越多，也就可以帮助销售团队加强与客户的沟通。

例如，泡泡玛特最聪明的地方，就是它对于目标客户群体的心理把握得准——以年轻人为主，年轻人对抽盲盒这种"未知玩法"总会产生兴趣。除此之外，泡泡玛特还以多种方式形成与客户的互动，保持与客户的同频共振；而且，营销活动也花样百出，跨界合作、多 IP 联合、特殊时间点发售符合节日主题的系列玩具、定期开展大型玩具会展等。

面向目标客户的营销，利用数据进行分析也非常有用。通过分析数据，了解客户的购买行为、使用习惯等信息，从而找到潜在的目标客户。在产品开发过程中不断与目标客户保持联系，了解他们的反馈和建议，并根据实际情况进行调整和优化，可以帮助企业更好地满足客户需求，提高产品的客户体验和满意度。

打造产品差异化营销

有人形容产品的差异化时是这样讲的：一个产品没有卖点，或者说没有区别于竞争对手的差异化卖点，就如同白羊群里的一只白羊，很难被发现。反之，产品差异化卖点鲜明，则像白羊群中的一只黑羊，可谓一枝独秀。

《与众不同》一书认为，差异化关乎品牌的生死存亡。如果某个品牌具有明显的差异化，消费者能理智地接受这种差异化，那么品牌就能在消费者心中留下深刻的印象，所以必须给消费者一个选择你的理由。任何东西都能实现差异化，但是必须找到一个独一无二且有意义的差异点。

差异化营销由两部分组成：一是卖什么，也就是企业能为客户提供什么。这涉及谁会对此感兴趣，何时会感兴趣，关键在于能用一种吸引人的方式来对产品进行定位。二是怎么卖。这涉及企业和客户的每一次互动，并让客户产生一种超值的、与众不同的体验。从最初的接触到面对面详谈，再到递交方案等，每一环节都有不同的方式让企业在竞争中拔得头筹。

例如，20 世纪 90 年代，奔驰和雷克萨斯这样的豪车品牌由于遇到了营销瓶颈而不得不转变营销思路，从卖车转向租车。当时受大环境的影响，人们并不看好"二手车"。基于此，雷克萨斯和奔驰打造了差异化的营销策略，他们首先把租过的车贴上"认证二手车"的标签，然后把目标客户锁定在能买得起新车但买不起新的豪车的群体，并通过进一步的调研找到了其中只喜欢"二手车"的人。果然，这种差异化营销策略产生了奇效。这些车虽然仍是"二手车"，但是经过差异化的信息传递，买家认为它们更保值，结果这些车很快就以理想的价格一售而空。

在商业发达的今天看来，大部分商品卖得好，也都与差异化有关。比如，曾经的牙膏只是清洁口腔，洗发水只是洗干净头发。今天，要领悟差异化，可以去超市的牙膏和洗发水货架前花半小时去细细地看一遍，就会发现牙膏有美白的、坚固牙周的、防敏的、防龋的；洗发水有控油的、去屑的、柔顺发质的、防脱的……这就是产品的差异化策略。

一般差异化分为五大策略：

（1）渠道差异化。当企业的产品在同行业已有强势产品存在时，企业要做的并不是模仿它们烧钱去投广告或做活动，而是可以绕开强势企业的优势领域去赢得市场份额，这就是渠道差异化。比如某辣酱品牌并没有直接选择与老干妈这样的老品牌竞争渠道，而是选择与外卖商家合作。

（2）场景差异化。很多品牌都在同样的场景中试图用类似的功能价值实现竞争突围，而这并不是一件容易的事。场景差异化可以细分出某一类使用场景，并围绕该使用场景的需求进行产品设计、市场传播、销售运营及客户管理等全方位差异化。比如，电脑键盘最开始的使用场景只是打字和输入，之后根据场景差异化设计了商务键盘、无线键盘和机械键盘。

（3）传播差异化。会策划、包装和运营的，往往能够打造传播上的差异化。比如，农夫山泉的广告是"不生产水，只做大自然的搬运工"，乐百氏的广告是"纯净水"，今麦郎的广告是"凉白开"等。同样是水，不同的理念造成不同的传播差异化。

（4）体验差异化。客户对于品牌的触点不同，所产生的体验也不同，这正是品牌与品牌之间拉开差异的最好契机。比如，海底捞利用细致的服务带给客户贴心的体验；而东来顺靠一声吆喝带给客户亲切的体验；呷哺呷哺一人一小锅带给客户方便的体验。

（5）客户差异化。通过创造不同的圈子，给客户贴上新的标签和画像，为不同的客户提供产品情绪价值，从而形成强大的品牌客户部落效应。例如，小米品牌"为发烧而生"，将手机发烧友和"米粉"作为品牌发展的重要基石，和其他品牌有意识地建立客户群差异。

打造不同的营销模式

不同的品牌有不同的营销模式，包括市场定位、目标客户、品牌塑造、渠道选择、促销手段、营销预算等。营销模式的设计需要针对不同的产品、不同的市场环境和不同的客户需求，采取合适的策略和手段，以达到营销目标，提高市场份额。

近年来，随着外部消费环境、主流消费群体及消费需求的变化，营销手段、营销渠道以及营销技术正在经历一场全新的迭代。传统的广告渠道如电视、广播、报纸等已经不能满足消费者的需求，因为消费者越来越倾向于使用数字渠道来获取信息和购买产品。所以，营销模式也开始变得越来越多元化。

现在已经不是"大市场、大批发、大流通、大占有"的时代，"一招鲜"的时代已经过去。竞争压力和环境变化使企业的运作与管理越来越精细化，当然，也要求营销模式必须是细致的、有针对性的。各类品牌企业开始打破传统的单一经销商模式，尝试打造不同的营销体系。在当前的商品市场、全渠道零售市场环境下，打破传统的单一模式，创造新的模式是一项非常积极且有价值的探索。品牌销售的主要方向应是基于较强的线上数字化营销运营能力与完善的线下以用户体验、产品交付为主体的品鉴馆运营能力的高度融合。

常见的营销模式有以下几种：

（1）全域一体化营销。全域也就是线上线下融合营销模式。打通线上线下的全渠道营销已经成为各大品牌常用的营销模式。例如，可以通过线上品牌官方旗舰店、品类旗舰店将流量导至线下达人专营店，实现渠道和流量全线贯通，一体化联动协同。

以"元气森林"饮料营销为例。元气森林的线下渠道主要集中在一、二线城市的连锁便利店，如全家、罗森、7-11等连锁超市，它们大多分布在商圈以及中高档住宅楼附近，精确触达目标人群，并推出"0防腐剂货架"，通过线下渠道让更多人认识到品牌的存在。线上渠道主要有各大电商网站，如天猫、京东、淘宝、电视广告、视频网站App、新闻门户网站App和微博等。除此之外，元气森林还进行了多起跨界营销活动，如元气森林和肯德基、元气森林和迪士尼、元气森林和绝味鸭脖，实现品牌联动，多层次、多维度给元气森林的品牌印象增加新内涵，放大合作双方的品牌优势，携手满足年轻消费者的多元化需求。

全域一体化的营销模式需要解决人、货、场的问题。通过门店选址，客流可辐射门店半径 3 公里以内的人群，线上营销可以带来更多新顾客，并注重通过培育留住回头客，全域一体的经营思路体现在用户通。顾客可以在门店判断产品好坏，线上作为产品消费的扩展和补充，全域一体的经营思路体现在产品通。全域一体化的营销能够突破门店特定的时空限制，线上作为消费时空的延伸，做到 24 小时全域经营，可以实现场景通。

线上平台分别是电商平台、内容平台和社交平台。电商平台如淘宝、天猫、京东、拼多多。内容平台分为图文平台和短视频平台，其中图文平台包括百家号、企鹅号、搜狐号、微博、小红书等；短视频平台如抖音、快手、B 站等。布局内容平台，需要通过持续的图文加视频直播进行内容输出，从而实现"吸粉"—"种草"—转化—成交的营销目的。社交平台，重点是微信朋友圈、社群运营、企业号和小程序等。

线上渠道分为直销渠道和非直销渠道。直销渠道是企业或品牌方直接向最终消费者提供商品或服务的渠道，包括品牌官网、品牌 App、第三方电商小程序官方直营店；非直销渠道包括第三方电商小程序分销商店铺、直播平台分销。

（2）线下活动营销。虽然线上线下营销是常态，但线下活动营销也有其不一样的意义和价值。因为社交网络带来的信息碎片化，品牌难以输出完整的信息，大家更多关注"干货"，直接、迅捷的信息。线下营销就很好地补充了信息的完整性。例如，雪碧的"淋浴棚"线下宣传。雪碧把"淋浴棚"装置设在了巴西的海边，免费邀请人们体验雪碧淋浴。这个淋浴装置外形是个加大了几倍的饮料机，而想要冲凉的人只要站进去，饮料口就会大方地喷你一身雪碧，让你全身心地感受到什么叫透心凉。这个营销创意是巴西奥美为雪碧公司打造的，饮料机几乎吸引了每一个游客的注意，毕竟用雪碧冲凉可不常见，人们都很乐意尝试一番，好好地体验了一把雪碧带来的凉爽感。

唯品会在广州白云万达广场布置了几十个透明粉色橱窗，邀请全球不同城市的双胞胎到场，举行了一场场面宏大的"快闪秀"。现场每一对双胞胎的长相、身形几近相同，穿着的服饰也一模一样，主办方通过让人们挑选"差别最大的双胞胎"，意在让人们找到每对双胞胎差别最大的地方在于他们服饰的"价格标签"。参观者可以注意到，在展示的橱窗表面，分别印刻着市场价和"12·8"唯品会价格，二者有巨大的价差。从营销层面来讲，这种价格对比的手法，其实是变相突出唯品会"12·8特卖大会"的优惠力度。

美赞臣借助京东推出的"海囤亲子趴"活动，以"海囤亲子趴，带上宝贝一起玩！"为主题，从出行、感恩母亲、父亲陪伴、亲子告白、运动、音乐、娱乐七大生活场景切入，于2019年3月～12月开展内容全域营销活动，成功打造了一个时尚IP，并利用这一IP完成了营销造势，成功激起了家长与孩子的兴趣，吸引他们积极参与到活动之中。

线下营销的主要形式是线下活动，比如很多B端品牌做线下活动，将精准客户聚集在一起集中宣讲。线下活动主要是制造媒体感兴趣的事件，使之变成新闻，然后进行大众传播和公共讨论。线下展览是通过网红店、网红景点等方式，吸引很多人前去打卡并主动分享，从而在社交网络形成潮流与话题，获得传播热度与社交共识等。

（3）直播营销。近几年直播可以说是发展得如火如荼，不少品牌纷纷开始请人或是自己进行直播营销。直播营销作为一种新的营销手段成为各个企业争夺的红海。

直播营销产生的裂变越来越受到企业的重视。直播裂变营销是指通过直播平台进行营销活动，利用直播间的互动性和裂变效应，将观众转化为潜在客户，从而提高品牌知名度和销售额的营销策略。同时，直播裂变营销需要注意直播内容的质量和主播的形象，以及与观众的互动和沟通，这样才能取得良好的效果。眼下，直播已经成为营销的常见模式，抖音、快手在直播，淘宝、京东也在直播；唱歌的 App 在直播，知识付费的 App 也在直播，明星大咖在直播，普通人也在直播。如今，看直播不仅成了一种时尚，还是一种获取信息、娱乐的途径。直播不但带来了多种商机，还刺激了社会的各行各业，比如，直播强大的互动性为电商带来了新的能量，也为很多平台和品牌做了广告宣传与营销带动。而且，影视圈的很多明星也开始做直播，为电影、电视剧、代言的产品等做宣传。

营销最终是卖服务

服务做得好，营销才更好做，这已经被大部分人认可。营销不仅是将产品卖给客户的过程，也是卖方向买方提供服务的过程，从这一角度讲，营销也可以看成卖家卖服务的过程。一句话，极致的服务是最好的营销。

无论什么行业，服务本身就是你能提供的产品之一，而且是必须提供的产品。要做好服务有三个角度，分别是做增加服务，如海底捞通过不断增加服务，在客户脑海中打上服务的标签，用饱和式服务满足客户的安全感需求；做差异化服务，做差异化的服务定位，提供独特的品牌形象，和客户进行深层次连接；做有效的服务，服务贵精不贵多，从客户角度入手，解决切实需求，如胖东来的每一个服务都踩在客户的需求点上，最终成就一个巨量忠实粉丝的国民品牌。

企业能为自己做的最为重要的事情与技术、规模或先发优势无关，而与每一个客户的忠诚度有关，而这件事对于企业发展更简单、更可靠。当消费者成为忠诚的客户时，一切都会改变。在忠诚客户的心里，你是市场上唯一的商家，所有其他品牌和商家都进入不了他们的视线。而忠诚度的根本来自服务，服务几乎是企业的全部内容。很难想象一家不能为客户提供服务的企业以何为生？能够在这个世界上维持多久？在服务决定一切的时代，能否为客户提供周到、细致、满意的服务，决定了企业的今天和未来。

许多企业都在致力于创造更棒的客户体验，但最终结果却大相径庭。为什么手机中最棒的客户体验是苹果，而不是诺基亚和索尼爱立信？为什么海底捞的服务成了餐饮界的神话？为什么西南航空公司的服务让人们体验了什么是极致？这些企业正是用他们的服务征服消费者。

举个最简单的例子，如果一家服装店因为客户的销售凭证找不到而拒绝给客户退换货，就会严重影响客户在退换货这个环节的体验，很大可能会影响客户对该服装品牌的认可度及再次购买的意愿。

我们每个人都是消费者，走进百货商场所期待的服务应该是：当看到商场展区外观的时候，希望是干净的、明亮的、舒适的。进入商品展区以后希望看到商品有条理地陈列和摆设，浏览商品的时候是自由又随意的，价格表也比较容易清晰直观地看到。容易找到适合自己的商品，并且有充分的考虑时间。付款的时候可以用自己方便的方式，商品包装漂亮有质感，离开的时候有亲切温暖的道别。如果客户期待的这些服务能够实现，甚至商场能够提供超预期的服务，那么就是好的服务。就像沃尔玛创始人说的那样："要做得比客户期望得更好。如果你这样做了，他们将成为你的回头客。妥善处理你的过失，要诚心道歉，不要找借口，顾客永远是对的。"

逛过宜家的人都知道，宜家的家具商场其实并不完美，但他们在细节上下足了功夫，比如便宜又好用的挂饰、极具设计感的地毯、温馨的场景家具以及著名的瑞典肉丸，还有出口处1元钱的甜筒。1元钱的甜筒看似赔本，却为顾客带来了极佳体验，成为人们记住宜家的一个标记。

对于客户来说，服务细节带来的心理感受是不一样的。细化细节根本不需要多少成本，但是会让客户觉得这个品牌更细致、更贴心。要知道，在供大于求的市场中，除了产品质量，服务细节已经成为客户是否购买以及再次购买的重要原因之一。

就像有句话说的那样，同行做到的是义务，同行没做到的才是服务。良好周到的服务就是最好的营销，为客户服务越周到，越能讨得客户的欢心，一方面会增加客户对产品的信心，另一方面还会吸引客户第二次消费与主动推荐，从而为企业产品和服务赢得更多的发展机会。

第五章　风险管控系统：企业经营安全的防火墙

如何识别经营风险

企业在经营过程中会面临各种风险，要想识别经营风险，最主要的就是要懂得财务管理。美国历史上第一位亿万富豪约翰·戴维森·洛克菲勒曾说："不是每一个对数字敏感的人都会成为优秀的老板，但是优秀的老板往往会牢牢地把握企业的数字。"

财务管理对企业的发展有着至关重要的影响，可以说，它是一家企业在经营发展过程中必不可少的重要支撑力量，主要表现在两个方面：一是，企业的一切经营活动都离不开财务管理的监督和调控，如生产、经营、销售、存货等；二是，老板和相关的财务人员要通过财务管理了解企业当前的资产和负债情况，通过整理、分析财务报表和寻找财务问题产生的原因等，不断解决企业当前的财务问题，进而不断提高企业的经济效益，促进企业更好更快地发展。

识别经营风险，一般需掌握以下几个方面的财务管理知识：

（1）必须读懂财务报表。财务报表反映的是企业的资产、负债和利润情况，如同汽车的仪表盘一样，能够显示企业运营是否安全。同时，财务报表还能及时反映企业的经营状况和财务状况。一般财务报表包括资产负债表、利润表和现金流量表等。

（2）重视现金流管理。现金流是企业运行的新鲜血液，企业的长足发展建立在现金流的充足和良好的流动性上，这要求企业老板要及时查看每月现金流入流出的情况，提前做好资金计划，合理地控制运营风险，提升企业整体资金利用效率，加快企业自身的发展。

（3）为企业做好预算。企业不论大小，预算都是经营的重要内容，通过对资金、业务、信息、人才的整合来对资源进行合理分配以降低风险和损失，提高企业的管理水平和经营效率，实现企业价值最大化。一般预算有生产预算、材料预算、人工成本预算和销售预算等。

（4）企业的内控。企业的内控工作做得好，能让企业经营合理、有序地进行，降低生产成本，提高运营效率。同时，内控制度能够让企业内部各组织机构明确责任，相互监督以实现权力制衡，提高工作效率和相互的协调性。

财务管理对企业经营有着重大的影响，老板不可能亲自处理财务工作，但必须精通财务管理的相关知识。

老板要懂得，利润不全是财富，很多企业的账面利润看起来很丰厚，但无法变现。比如，账面上有很多应收账款，从表面上看企业的利润尚可，但有很多应收款不一定能收回，如此一来，就会影响企业的现金流。所以，企业账面利润虽多，暂时收不回来的利润也较多，那么资金的机会成本就大，无形间就增加了企业的损失。

营业利润是企业通过日常经营活动取得的利润。在营业利润的基础上加上营业外收入，减去营业外支出，就可以得到企业的利润总额，利润总额扣除所得税之后就可以得到企业的"净利润"。因此，老板不能因利润表的数字很大而沾沾自喜，要知道账面上的利润远不如现金流重要。如果把利润比作水，那么现金流就是空气。人失去水还能存活两三天，但失去空气最多存活几分钟。这就是企业现金流的重要性。

如何规避用工风险

现在关于00后流行这样一句话："00后是来整顿职场的。"随着互联网的发展，新生代逐渐成为职场主力军，随之而来的劳动纠纷也在增加。所以，企业需要规避用工风险。

从微观层面来讲，企业的灵活用工需主要关注对员工的柔性管理，以提高员工满意度为核心，实施各种灵活的管理措施来缓解刚性管理带来的压力。目前很多企业越来越注重采用各种措施来帮助员工实现工作的灵活性，获得工作和生活的平衡；也越来越注重提高企业柔性管理的程度，帮助企业增加应对内外部变化的灵活性。从宏观层面来讲，人力资源弹性是指在人力资源管理中，灵活地调整人力结构、员工数量、工作内容、工作时间与员工薪酬等因素，以满足企业对不同层次、不同水平、不同模式的人力资源的需求。

现在，90后甚至95后员工已成为劳动力市场的生力军，相比于80

后，他们更加追求自我成长、关注自我空间、注重个人价值的实现，在就业行为上呈现出"慢就业"、不稳定就业等特点。

由此不少企业老板抱怨：

为什么学习了大量管理知识，参加了不少管理培训，还是难以管理90后、95后员工？

为什么邀请了大牌名师给95后员工做培训，仍然不见成效？

为什么95后员工总要挑剔上级、抱怨企业、不懂感恩？

为什么明明付了不错的薪水，95后员工还是工作懒散、敷衍了事，动辄辞职走人？

为什么95后员工什么事都关心，就是不关心自己的工作？

……

这么多的为什么折射出一个问题：现在的年轻员工不好管理。这个问题是各个企业必须面对的。在未来，95后、00后员工将成为职场的主力军，也是企业的核心竞争力，故而，要想赢得未来，就必须懂得这些年轻人的需求，然后对他们进行有效的激励，才能留住他们的心，进而让他们为企业好好工作。

不少管理者属于70后、80后，依然沿用传统的管理模式，强调控制、规范、等级、服从、改造等，但这种方法对于95后、00后的年轻员工已渐渐失效。

以95后、00后为代表的新一代员工，他们有着鲜明的时代特征，他们的思维方式和行为方式较之前的职场人群都有了明显的不同。他们关注自己的基本权利，关心自己的精神感受，强调爱和自主，擅长单打独斗；他们自我意识强烈，对人对事有自己的判别标准；他们拥有与生俱来的自信和底气，对于权威不会盲目崇拜，心里有了想法不会拐弯抹角或沉默，而是会更直接、更真实地表达出来。在团队中，他们关注公平公正，信奉用实力说话。"真诚""拒绝画饼""言行一致""公平公正"等是90后、95后、00后员工口中的高频词。

随着职场主力军的更迭，企业老板们纷纷开始倡导以新生代主力员工的需求和偏好为导向的管理方式的迭代甚至变革。由于生活环境的不同，新生代的职场人与上一代的职场人在思维方式、生活观念和职业观念等方面都存在明显不同，因此倡导新的管理方式也是一种合理的职场诉求。老板要想做好新生代员工的管理工作，需要明确如下四种思路：

（1）给任务时一定要明确。管理者要能够相对清晰地提出问题，而不是大而化之地给员工一个工作方向，新生代员工不爱猜心思，需要直接明确地接受任务。此外，还要善于安排一些能够指导年轻人的有经验的中层，必要时给予帮助和辅导。

（2）善于定好小目标。管理者要善于将大目标分解成中目标和小目标，目标越小，评价周期越短，效果就会越好。要让年轻人像玩游戏闯关一样地完成工作任务，在这个过程中，帮助他们建立自信、提升能力。要学会带领年轻人"小步快跑"。

（3）一定要给年轻人即时反馈。一个阶段的事情、一个任务项目完成后，必须有一个明确的评价，特别是对于95后、00后，要有即时性的反馈。

（4）要及时给予鼓励和认可。当年轻人取得了阶段性的成果时，一定要及时给予肯定，适当给予表扬。新生代跟上一辈人不同，他们从小就奉行"好孩子是鼓励出来的"的原则，进入职场也是如此，他们更愿意被认可和鼓励。如果老板打压他们，他们便可能离职。

企业税收筹划

作为企业老板，肯定会为企业如何实现利润最大化而焦虑。作为公司的财务人员，也一定会为如何帮老板降低税费而操心。缴税是企业的业务，税收对社会经济的影响很大，任何企业在发展的过程中都必然会遇到税收的问题。对于企业来说，不管税制设计得多合理，税收都会是企业的一项或大或小的负担，如何在法律允许的范围内合理避税，既是广大纳税人希望的事，也是一项实用的经营技巧，不仅可以缓解企业的资金压力，还能起到税收优化的作用。

合理的税务筹划是企业财务良性发展的关键。例如，企业可以合理利用折旧、捐赠、税收优惠等政策，减少应纳税额。同时，企业可以通过合理的资产配置实现财务最优化。例如，合理地进行资产组合，将资金投资于享受税收优惠政策的行业或项目，以达到税收优化的目的。

不同地区和行业的税收优惠政策不同，作为老板要熟悉并合理利用这些优惠政策。例如，对于科技企业来说，研发费用的税收抵免政策可能是一个重要的优势。

总之，企业进行税收筹划的根本目的是减轻税负以实现企业税后利润最大化。合理地进行税收筹划，是企业减轻税负的一种财务管理活动。企业的税收筹划一般有以下几个特点：

（1）合法性。税收筹划只能在法律许可的范围内进行，违反法律规定，逃避税收业务，属于逃税行为。现实中，企业在遵守法律的前提下，常常有不同的纳税方案可供选择，此时企业可以通过选择一种合理的缴税方案来降低税收负担、增加利润。

（2）目的性。税务筹划是企业为了减轻税收负担追求利益最大化而进行的一种财务管理行为。税收筹划不仅是企业利润最大化的途径，也是提升企业经营管理水平的一种方式，更是企业领导决策的重要内容。

（3）专业性。税收筹划的方法多种多样，从环节上看，有预测方法、决策方法、规划方法等，因此合理筹划税收需要周密的规划和专业的税收知识。

（4）降成本。合理筹划税收的目的是降低财务成本，实现利润最大化。如果在实施税收筹划的过程中成本太高，超过了其所能带来的经济效益，则违背了其初衷，企业要做出正确的取消决策。

在财税管理和申报方面，要准确记录每一笔收入和支出，按时报税是合理筹划税收的基础。合规地进行财务记录和报税工作，可以避免税务风险，确保税务的合规性。另外，及时申报各项税款是合理筹划税收的重要环节，可以避免因延迟申报而产生滞纳金和罚款，同时也可以展示企业的诚信和合规意识。

在进行税收筹划的过程中，要时刻警惕，不要触碰法律的红线：

（1）买发票。有些企业为了增加成本费用就会想到买发票，而买发票属于虚开发票，是违法行为。

（2）没有真实业务的对开发票。有的企业为了节省税费，在没有真实业务的情况下，甲给乙开，乙给甲开，这也属于虚开发票的违法行为。

（3）用现金收支货款。有些企业自作聪明，虚开发票，对方不打款，直接填写收据入账，自认为账都做平了就万事大吉，但这种情况也属于虚开发票。

（4）大量员工个税零申报。如果是特别大的企业，员工的工资不可能都低于税收点，但有的企业却光明正大地做工资抵税，殊不知，这种情况一旦被查，企业就会面临被罚款、补缴滞纳金的严重后果。

企业要当心信用风险

信用，关乎企业的生存发展。可以说，企业跟客户发生业务往来、跟投资人打交道、跟银行的款项账目往来，无不是信用在做背书。

可以设想一下，如果一家企业在银行的信用值为1000万元，另一家企业只有100万元，当某个机会来临需要融资800万元启动项目时，那么拥有1000万元信用值的企业，即使只有200万元的资金，也能迅速通过信用融资启动项目。而只拥有100万元信用值的企业，即使有500万元资金，也很难获得足够的外在"输血"，从而导致机会流失。可见，信用是企业经营发展的重要基础。

信用管理是企业成功的助手。绝大多数企业在谈到"信用风险"这个话题时，都把责任推给社会。不能否认社会道德水平、经济秩序和社会信用制度的发展对"信用风险"的重要性，但是，对企业来讲，更重要的是提高自身的信用管理水平。

毕竟，信用危机可以毁掉一个企业，甚至一个行业。以保健品行业为例，近年来，保健食品企业大量倒闭，夸大其词、虚假宣传、坑蒙拐骗是主要原因。

目前，不少企业都开始重视企业征信，人们查验一家企业的实力，也会通过查企业征信来完成。简单来说，就是通过对企业的信用记录、经营状况、财务状况等信息进行收集、整理、分析和评估，形成一份对企业的信用报告。这份报告可以帮助金融机构、供应商、客户等了解企业的信用状况，从而让他们做出正确的决策，避免后续的麻烦。企业征信可以帮助企业优化自身的信用状况，提高融资能力，获取更多的商业机会，加强与供应商和客户的信任与合作关系。

企业失信，就会被列入经营异常名录，失信行为被纳入企业征信报告，从而对企业正常的生产经营活动产生方方面面的不良影响。

例如，某药品企业是一家高新技术企业，因为该企业自建网站上存在"最先进""唯一""龙头企业"等不实广告用语，受到行政处罚，并依法将处罚信息在国家企业信用信息公示系统进行公示，对该企业的正常经营、招投标、高新技术企业申报等产生严重影响。

根据企业失信行为的程度，失信分为一般、较重、严重三类。一般失信行为会被要求整改、信用提醒、诚信约谈。较重失信行为会被列入黄名单，黄名单为期3年。严重失信行为将被列入黑名单，黑名单为期7年。如果企业不及时整改，将对企业产生很大的影响。

（1）影响企业参与各类活动。比如企业一旦有了信用风险，将不能参与政府采购、工程招投标、国有土地出让、获得荣誉称号等活动；或在申办各类备案、登记等事项时，行政管理部门将予以审慎审查。

（2）日常经营受限。比如有不良信用记录的企业在和金融机构发生如贷款、担保、保险等业务往来时，成功的可能性更低。而对被列入经营异常名录的企业，金融机构可能不受理其银行开户、贷款等业务。

（3）影响商务合作。信用不良的企业在一些商业活动中会受限制，比如影响商务谈判、增加被合作对象考察的时间、降低客户忠诚度、减少签约率等，从而使企业的竞争力下降。

（4）企业法人任职受限。信用不良的企业，将被列入违法企业名单。对于严重违法企业名单中的企业法人，法律规定3年内不得担任其他商事主体的法人或负责人。

信用是企业的另一种资产，一个信用良好的企业，可以获得更多的融资条件，提升市场竞争力，增强商业信誉度等。所以，提高信用等级、规避信用风险是每个企业老板都要认真对待的事情。

企业要当心口碑风险

俗话说，金杯、银杯不如老百姓的口碑。在这个人人都是自媒体的时代，口碑危机能够给一个企业带来毁灭性的打击。口碑，短时间内就可以让一个品牌横空出世，也能让一个企业损失惨重。

所以，企业应重视和管理好自己的口碑，避免让企业陷入舆论风险。

有位广告大师曾说，世界上最好的广告莫过于口口相传，因为其影响力非常大，被业内人士称为"病毒式营销"。可见口碑的重要性。当顾客感知到好的服务时也许认为理所应当，但当他们感到不满意甚至产生抱怨时，就会把这种感受传递给他人，负面口碑由此产生。因此，有效地抑制负面口碑，然后针对负面口碑传播的特点采取有针对性的营销策略，消除负面口碑给企业带来的影响，是企业应该特别重视的。

可以说，一张刷爆朋友圈的品牌照片，其影响力可能堪比乃至超过品牌市场部悉心打造的宣传活动。也因此，很多品牌都将目光从传统的传播渠道转移到了朋友圈，占领朋友圈，就是拿下了品牌推广的制高点。反之，朋友圈也可能成为因疯狂传播而让企业臭名远扬的恐怖高地。

例如，抖音上有个视频很火：大雨倾盆，一个宝妈推着婴儿车在某银行网点外避雨，婴儿车上孩子睡得正酣，为什么没有进网点避雨呢？据称是因为宝妈出门忘了戴口罩，银行以此为理由不让进。这段视频被很多人关注转发，关注的背后是对这家银行服务态度的质疑：在坚持防疫的规定之外，能否提供更灵活的人性化服务？银行如果备一些一次性口罩，不就能解决问题了吗？这段视频的广泛传播，让这个银行网点的形象大大受损。

再比如，有一个物业公司，由于绿化做的不行，被愤怒的业主送了一面锦旗——"干啥啥不行，收钱第一名"。虽然业主和物业各执己见，物业也宣布要退出该小区，但锦旗事件一旦发酵，就会引发广泛的传播效果，从而对物业的声誉造成极大的影响。

在电子商务大行其道的今天，很多线上的不良体验更是数不胜数，比如在线上购物遇到产品与描述不符，收货时间与承诺不符，售后服务无人理睬等。无论哪一种不好的体验，给企业带来的影响都很大，要么被差评，要么被放弃。总之，这些不注重客户体验或客户体验服务做得不到位的企业，在这个日益透明化的商业社会很难生存，即使勉强活下来，也难以拥有忠诚客户，这对企业来说无疑是最大的损失。防止客户流失的最佳做法就是，为客户创造良好的服务体验，这是当下乃至未来企业的生存和发展之道。

加拿大歌手戴夫乘坐美联航时托运的 3500 美元的吉他被摔坏，在经历了索赔无望之后，他把愤怒的情绪写成了一首歌，叫《美联航毁了我的吉他》，并拍成了 MV，一天以内点击量就达到了 300 万次，获得了 14000 条评论。视频发布 4 天后，美联航股价下跌 10%，直接损失 1.8 亿美元。2009 年，时代杂志把这首歌列为十大金曲之一。

这就是传播的力量和舆论给企业带来的影响。不良的体验不仅会伤害客户，也会伤害企业自己，有可能让企业长期积攒下来的好口碑在短时间内被消耗殆尽。一个人、一家店、一个大的企业或整个社会，都要注意通过提高客户体验去积攒好口碑。好的客户体验能够显示出企业强有力的竞争力，为企业赢得好口碑，在互联网时代更是如此。

如果企业遭遇了口碑风险该如何应对和解决呢？

（1）品牌方发现舆论必须及时进行干预，越早回应越好。

（2）积极承担责任，充分表达真诚的态度，通过共情来平复公众的愤怒情绪。

（3）拿出切实可行的解决方案，不能只是嘴上说说，要真正对存在的问题进行整改。

（4）如果情况严重，还需要找公关公司进行专业的舆论控制和局面扭转。

中篇

定制度

——老板战略管理的『防火墙』

第六章　文化制度：团队导向、约束、凝聚和激励

企业文化的基本概念和内涵

美国社会学家戴维·波普诺对文化的定义为，文化是一个国家、一个民族或一群人共同具有的符号、价值观及其规范，以及它们的物质形式。美国学者埃德加·沙因在《企业文化生存指南》一书中指出：文化的精要是共同习得和默认的假设，且由此推动文化。可见，文化体现的层次可由非常显而易见到高度默认而又不易察觉。

美国管理学家威廉·大内最早提出了"企业文化"的概念，他于1981年出版了《Z理论——美国企业界怎样迎接日本的挑战》一书，通过对日本企业的研究，他认为日本企业成功的关键因素是它们独特的企业文化。这一观点引起了管理学界的广泛重视，吸引了更多的人从事企业文化的研究。从此企业文化走进大众视野，被越来越多的企业管理者认为是企业经营管理中不可缺少的重要因素之一。

企业文化是由企业价值观、信念、仪式、符号、处事方式等组成的特有的文化形象，一般包含四个层次，分别是精神层次（包括使命、愿景、价值观、经营理念），是企业意识形态的总和；制度层次（包括组织结构、管理制度），主要以各项规章制度的形式体现；行为层次主要以管理者行为规范和员工素养准则的形式体现；物质层次（包括环境、标识标志、宣传平台、文化产品），以具体实物的形式体现。

企业文化具有导向、约束、凝聚、激励、纽带等作用，同时为企业经营发展提供思想保证，形成企业内在的精神凝聚力，激发员工的使命感、归属感、责任感和成就感。企业文化能够与企业的其他制度互补，解决制度与效率的矛盾。例如，华为公司的《华为基本法》就是借助外力形成自己的文化雏形，而后根据企业的不同发展阶段对其进行修正，最后形成企业的管理哲学和独特文化。

企业文化并不是虚无缥缈的东西，简单理解，企业文化就是新员工到一家企业后，这家企业提供尽可能的条件，让其成为这家企业想要的优秀人才。再延伸一下，也就是新人到一家企业后所能感受到的这家企业的团队氛围、价值导向、培训制度、薪酬体系和晋升通道等，这就是企业文化。企业文化是一个变量，不是一个定量。

可以从四个层面来衡量一个企业的企业文化：

（1）视觉层面，是指企业文化的外在表现形式，包括 MI/BI/ VI、标语、手册、着装、Logo、装修装饰等各种显性的部分。这些外在的视觉元素构成了企业的形象，对企业的发展和品牌建设具有重要意义。

（2）行为层面，是指企业员工在工作中的表现和行为规范。这些行为需要符合企业文化所强调的价值观，主要包括决策方式是民主还是专制，沟通方式是开放还是部门墙，工作语言是传统还是随意，称谓是中规中矩

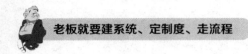

带职位还是可以直呼花名、真名……

（3）制度层面，是指企业员工在工作中需要遵守的规章制度和流程，主要包括组织形式是扁平化还是官僚化，沟通渠道是单一性还是多样化，程方面重控制还是重速度，奖惩制度是重奖励还是重惩罚……

（4）精神层面，是指企业所倡导的价值观和理念，以及员工在实践中所表现出的思想境界和行为风格。精神层面包括精神面貌是进取还是保守，是团结协作还是独立分工，经营理念是单打独斗还是抱团共赢，价值观念是追求长期利益还是短期利益，如何对待员工，是把员工单纯当成雇佣者还是团队中不可缺少的一分子，企业是否在意社会责任……

好的企业文化可以不断提升企业的核心竞争力，让其在残酷的竞争中成为佼佼者。老板应该重视企业文化的建设，不要让企业文化成为花瓶，要把它当作企业战略来经营，把它积极融入到企业的发展当中。良好的企业文化建设会使企业的面貌发生翻天覆地的变化，增强企业的凝聚力，树立良好的企业风气，展现良好的企业形象，扩大企业知名度，从而进一步影响社会，为社会做出贡献。

企业文化的核心是老板文化

对于中国 90% 以上的中小微型企业来说，企业文化就是老板文化。提炼企业文化，核心就是要明白老板想要什么。因为私营企业就是老板的企业，企业的战略目标就是老板制定的，与之相对的，企业的文化也就等同于老板文化。

创办企业，盈利是第一位的，但如果一个老板眼里只有钱而没有文化，那么企业氛围必定是扭曲压抑的。当不少糟糕的老板还停留在绩效考核的时候，优秀的老板早已通过打造积极正向的企业文化，开始给员工创造更好的工作环境，从而提升员工的自驱力和效率。

企业文化是凝聚人心的最强武器，能够给员工讲一个一致性的故事，使员工随时保持与企业使命的一致性，另外，这些故事有极高的传播性。比如，华为的企业文化是打造"狼道文化"，给奋斗者带来最大的回报。海底捞的企业文化是团队合作，让所有人都能当店长，把员工当家人一样对待。老板无论给自己的企业如何定位，都要通过各种形式的战略和故事讲述，使员工与企业的战略保持同一方向。

成功的企业都希望成为受人尊敬的企业，成为员工幸福感高的企业，成为有价值、有意义的企业，这些都属于企业文化的范畴。如果一个企业的企业文化只是老板一个人的"独角戏"，没有人追随，那就只是老板一个人的自娱自乐。反之，只有能够被企业所有人接受，并能发扬光大的文化，才是真正的企业文化。

陈春花教授说过：世界上那些著名的长寿公司都有一个共同特征——有一套坚持不懈的核心价值观，有其独特的、不断丰富和发展的优秀企业文化体系。

优秀的企业文化可以塑造快乐的氛围，而快乐的氛围是人人都需要的，在快乐的环境中，即使工作辛苦一点点、收入不是特别高，大家也能开心地接受，所以营造良好的企业文化氛围和快乐的环境，可以帮助企业留住非常多的优秀人才。

很多企业在进行企业文化塑造时，喜欢大张旗鼓地开展一些活动、培训和研讨，其实企业文化的精髓更集中在日常管理的点点滴滴上。作为企业管理者，不管是高层还是中层，都应该从自己的工作出发，改变自己的观念和作风，从小事做起，从身边做起。

企业要根据规模来进行人事管理。一家企业，如果只有四五十人或百十来人，老板的魅力和个人习惯、作风就可以形成一种企业文化；而当企业规模不断扩大时，就需要建立一套机制、系统，进而形成文化，如部队有部队文化，企业有企业文化。

所以真正规范的企业，都有其独特的企业文化，并充分为每个员工所理解和运用，为企业管理起到保驾护航的作用。

让员工认同企业文化

一个企业的文化，只有得到员工的认同才能形成凝聚力，如果得不到员工认同，再好的企业文化也形同虚设。当一个员工对其企业的文化有认同感时，他们通常会相信企业的共同目标、愿景和使命，从而更有动力、更有执行力。

海尔总裁张瑞敏在谈到自己的角色时说："第一是设计师，在企业发展中使组织结构适应企业发展；第二是牧师，不断地布道，使员工接受企业文化，把员工自身价值的体现和企业目标的实现结合起来。"可见，对于企业高层管理者来说，如何让员工认同企业的文化，并转化为自己的工作行为，是企业文化成败的关键。

如果员工不认同企业的文化，即使每个人看起来都很有力量，但由于方向不一致，企业的合力也很小，在市场竞争中处于弱势。长期来看，没有强有力的企业文化，企业就无法形成自己的核心竞争力，从而导致在竞争日益激烈的市场上被淘汰。

如何让员工认同企业文化呢？

（1）寻找员工和企业价值观的共同点。要提高员工对企业文化的认同感，就要明确企业的价值观，员工对企业文化的认同最基本的应该是价值观的认同。由于企业和员工之间的本质联系，是员工价值观和企业价值观的共同点，因此，培养员工对企业的认同感，重要的就是要寻找并放大员工价值观和企业价值观的共同点。

（2）以人为本的管理宗旨。要想让员工认同企业的文化，企业就必须先认同员工，坚持以人为本的管理理念，给予员工最基本的尊重、理解和关心。此外，在生活中要多体谅员工的难处，多为员工着想。

（3）举办能够体现团队精神的活动。通过一定的组织形式和活动形式，增加员工的团队精神，从而提高员工对企业文化的认同感。企业可以通过开展员工喜欢的文体活动，营造积极向上的团队氛围，增强对员工的沟通和了解，激发员工强烈的责任感。

（4）让员工快乐工作。市场竞争激烈，企业生存艰难，员工和企业管理者一样面临着巨大的压力。假如可以在管理模式上进行选择，何不尝试"改变员工对工作的态度，让员工快乐起来"这种更加人性化的管理方法呢？以"在工作中超越自我，在奋斗中享受快乐"作为文化理念，注重营造快乐、和谐、宽松的氛围；通过正面激励、鼓励倡导、适度考核等方式，让员工从工作中体味快乐、在奋斗中品尝快乐、于拼搏中实现快乐，这是企业和员工双赢的康庄大道。

（5）关注员工成长。无论是新招聘进来的员工，还是老员工，都面临着发展的问题，企业的文化理念之一就是给员工提供一个充分学习、成长的环境。因此，只有让员工不断地感受到自己在进步、在提升，企业才会有更大的活力。

例如，京东以"情感型"管理和"家庭式"企业文化激励员工。2014年，刘强东要求公司特殊拨款 3000 万元，让坚守在工作岗位上的仓储配送员工把家人接到身边共度新年，他在邮件里说："凡是有孩子的同事，按照每个孩子 3000 元给予补贴，要求同事们把孩子接到身边共度佳节。如果个别同事离家太远，费用不够，超出部分实报实销。离家近的，多余费用不用退还。没有孩子的同事，每人至少多补贴 1000 元加班费。"京东集团十分强调家庭式的情感激励，这对于 70% 出身于农村的一线员工十分有效，迅速赢得了一线员工的真心，让他们工作热情十足。京东对一线员工的子女教育问题十分重视。京东成立集团幼儿园，解决员工子女的托管问题，还在宿迁签约引进了江苏省顶级中学建立分校区，解决员工孩子的教育问题，这样的激励，无疑大大提高了一线员工对公司的归属感和认同感，也让员工更加放心地在公司努力工作。

再例如，青岛海景花园大酒店在酒店行业中的口碑不错，缘于该酒店的服务非常贴心和独特，对员工的关爱也十分到位。

该酒店的服务理念是"亲情一家人"，把西方的"规范化"与东方的"亲情化"有机地融为一体。其内涵就是把顾客当亲人、当家人，要求员工像对待家人、亲人一样对待顾客,从情感上贴近顾客,给予其无微不至的关照。酒店要求每位员工凡事都要站在顾客的角度"替顾客着想、帮顾客想、想顾客想",当好顾客的耳目和代言人;而且要求员工利用一切机会把服务做得更细,体现个性化、细微化、亲情化,创造"让客人满意,让客人惊喜,让客人感动"的服务境界。酒店的文化主要有两个方面:一是对顾客的关爱,另一个是对员工的关爱。酒店特别准备有一个生日房,每天显示器上会显示当天及未来几天要过生日的员工的名字。他们提出"对员工的关心越深,员工对顾客的关爱越亲"。因此,"上级为下级办实事"也成为一个考核指标。不仅如此,酒店还专门设置有"员工接待日",每周二上午、下午分别3个小时,由人力资源总监亲自接待。此外,在员工活动区域,还设有健身房、KTV房、可以上网的阅览室。

企业文化重在"文化",是一个企业文明程度的反映。优秀的企业文化能够营造良好的企业环境,提高员工的文化素养和道德水准,激发员工的积极性,使其工作更有热情,同时可以提高员工的工作效率,给企业效益的提高注入新的力量,从而提高企业竞争力。

一个企业需要有文化土壤来做基础,需要用正确的文化价值来凝聚人心、激发活力、增加利润及实现品牌升级。这种赋能的力量会打破传统的管控模式,从企业想要员工去做,转变成员工自己想要去做,形成自驱力;从企业高管自己干转变为企业与员工共同去干,这种思维方式的转变,体现了企业文化的重要性!

抛弃熟人文化，建立生人文化

不少人认为创业需要拉关系、找人脉，美其名曰为人际关系学。其实在企业的发展过程中，应抛弃熟人文化，建立生人文化。著名社会学家、斯坦福大学教授马克·格兰诺维特根据人与人之间情感上的亲密和交互行为的连接强度，把人际关系分为"强关系"和"弱关系"。

所谓的强关系也就是熟人关系，指以近亲、友情、爱情等情感为基础的关系组成的熟人社会，是经常联络互动、彼此知根知底的关系。而弱关系则是一种"泛社交"关系，是完全社会化和商业化的关系，在情感上可有可无。企业中如果熟人多了，就很容易形成亲友关系、同学关系、裙带关系，这种基于熟人的企业文化，反而不利于企业发展。

为什么强关系不利于企业发展呢？因为物以类聚、人以群分，由熟人构成的强关系圈中的人相似度高，包括收入、兴趣爱好和视野格局都很接近，甚至连思维和价值观都差不多。因此，他们很容易陷入一种集体迷思之中。熟人文化容易让人产生安全感和舒适感，但容易腐蚀人的雄心壮志。就像谷歌的顾问说的那样，"正是强关系的特征，让熟人失去了助推我们飞得更高的可能性"。

相比强关系，弱关系是指人们由于交流和接触少而产生的联系较弱的人际交往纽带，表现为互动次数少、情感关系弱、亲密程度低、互惠交换少而窄。马克·格兰诺维特认为，与一个人的工作和事业关系最密切的社会关系往往不是强关系，而是弱关系，它有着极快的、可能具有低成本和高效能的传播效率。

另外，企业用熟人会有以下不利因素：

（1）如果员工是老板亲戚，会在企业内部搞特权，不利于团队建设和企业文化的推行。如果企业从建立之初就有老板的亲戚朋友，时间长了这些人变成了老员工，难免会借用老板的名义去行使一些特权。比如当他们做出了一些违反企业规章制度的事时，其他员工可能因为不敢得罪"皇亲国戚"而选择睁一只眼闭一只眼，时间一长，团队氛围就会出问题，既不会吸引优秀的人才，又会把其他做事的同事排挤走。

（2）熟人会影响企业继续发展。初创企业缺乏人手的时候可以借助一些熟人的力量，但到了成熟期后，如果熟人没有能力带领团队继续向前突破，为了经营企业就必须到外面请优秀的人才进来，这样就会造成矛盾，而且一旦熟人掌握了企业的命脉，可能会占着职位拒不让出，给企业带来麻烦和损失。现实中用熟人后来因为利益撕破脸的事例比比皆是。

（3）熟人难分利益。在企业创立初期，一般股份不值钱，加之都是熟人碍于情面不好意思谈钱，往往就会淡化利益分配，甚至用简单粗暴的方式直接平分股权，没有制定和细化规则，更没有股权分配的进入机制、调整机制和退出机制等，在企业规模小时这没什么。一旦企业做强做大，股权值钱了，在进行利益分配或企业出现重大问题要解决时，股权问题就成了大问题。

之所以尽量避免企业中的熟人文化，是因为熟人多凭感情处理问题，而不善于按规则办事，这是使企业变糟的最关键的一点。有些企业老板会因为心软或碍于情面而不好意思拒绝朋友或亲戚加入企业，这样做是非常错误的，一些家族合伙企业、朋友合伙企业就是因为企业中有不合适的熟人而最后走向了衰败。

企业如果是生人文化就好办得多，会非常容易区分权和利。老板的管理权代表企业的控制权，比如人事控制权、财务控制权，这是"权"限中最重要的部分。"利"就是企业所赚到的钱和经营过程中需要往外掏的钱，生人文化中如果是雇佣关系，那么这些财务都必须公开和透明。

因此，老板要想把团队带好，就必须抛弃熟人文化，建立生人文化，不给那些投机取巧、耍小聪明的人留有空间，这样一来制度的执行就会顺畅得多。

所以，创立企业应该规则在先、情面在后，不要感情用事，用熟人文化追求共同利益，而是要用共同利益去筑牢彼此的感情。

有计划地开展企业文化活动

企业文化活动是指企业根据经营、发展的需要，结合员工的特点和需要，所开展的各种文化活动。由于团建能够有效提升团队的协作效率，于是团建作为企业文化活动的一种被越来越多的企业所采用。从某种程度上讲，企业的成功与不定期开展企业文化活动密不可分。

常见的企业文化活动包括：为员工提供的学习培训活动；为培养和提高员工艺术审美水平和艺术创造能力开展的艺术活动；为丰富员工的精神

生活、培养员工的拼搏精神、增强员工的体质而开展的体育竞技活动；为增强员工对企业的感情、加深其对企业环境和文化氛围的依恋，开展的福利性活动；等等。

例如，某公司举行了为期一天的冬季乒乓球比赛，既锻炼了员工的身体，也丰富了员工的业余生活，并根据比赛积分得出了女子前三名和男子前三名，分别选出了一等奖、二等奖、三等奖各 2 名，并颁发了荣誉证书和小礼品。

企业文化活动多种多样，常见的如文体娱乐性活动（羽毛球比赛、篮球比赛、摄影比赛、文艺演出、运动会等），是企业内部开展和组织的文艺、体育等娱乐活动，目的在于满足不同层次员工对文化生活的需要，以员工乐意接受的方式，培养其特有的优良传统和精神风貌。

福利性活动，包括生日礼物、节日礼物、关怀福利活动、工龄祝福等。这主要是企业从福利方面关心员工的各种活动，目的在于营造"企业人情场"，加深员工对企业的感情，以及对企业福利制度和文化氛围的依赖。

技术性活动，包括优秀员工经验分享会、技能竞赛、优秀人员演讲会等。这是围绕企业的生产、经营、技术和智力开发等方面，由企业倡导或员工自发组织的技术革新、管理咨询、劳动竞赛、教育培训等活动。这类文化活动可以激发员工的创造欲和成就感，让员工看到自己的价值和责任。

企业文化活动也是在为企业营造仪式感，而仪式感是非常重要的一种文化元素，可以帮助企业建立共同的价值观和认同感。仪式感体现在许多方面，如团建、庆祝员工生日、优秀员工表彰大会等。不管花钱多少，只

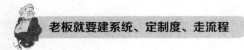

要能体现仪式感的活动，便应经常举办。

（1）迎新会。如果有新人加入，可以简单办一场迎新会，让新人了解企业价值观和愿景的同时，也可以让老员工再一次感受企业的文化。在活动期间，可以通过游戏互动的方式让同事间做自我介绍，以增进相互了解。

（2）月度或季度会议。可以定期举行全员会议，让公司内部人员审视上个月或季度的业绩，以及公布下个月或季度的目标，在会议上可以让员工进行头脑风暴，从而为企业提供新的价值。

（3）员工旅游。可以每年组织一次员工旅游，让员工放松身心游玩，在开阔眼界的同时促进他们之间的感情。

（4）员工内部培训学习。不少企业已经开始建内部商学院，以方便对不同层级的员工进行有针对性的培训学习，这也是辅助员工成长的最好方式。

（5）给员工过生日。可以通过给员工过生日让他感受到企业对自己的重视。这种庆祝仪式可以依照企业的规模而定，若企业太大，可以把同月过生日的员工聚在一起一同庆祝。

（6）比赛奖励。可以组织员工进行内部歌咏和朗诵比赛，让员工组队参加，发挥各自的实力和艺术水平，并通过综合评价后给予相应的奖励。

第七章　行政制度：用规则和制度保障运营发展

制度管人，不要人管人

现代管理学说："制度管人，不要人管人。"在管理中，制度是非常重要的工具。制度是指一系列规范行为的规则和标准，它可以帮助企业建立良好的工作环境，提高员工的工作积极性和责任心。

人们常说："没有规矩，不成方圆。"每一个企业，都有一套行之有效的规章制度，这是一个有生机的团队的基本特征。如果没有行为准则来规范人的行为，那么，这个团队就是缺乏凝聚力的一盘散沙。严格的制度或许满足不了企业管理者挥洒自如的快意，却可以保证企业运转的稳定和效率。一个企业在创业阶段，人员不多，业务简单，做老板的指挥起来得心应手，但当人员发展到成百上千甚至上万时，企业运作的复杂性及对管理的要求就远远超出了老板个人的控制能力。企业的管理不可能靠领导每天去盯人、管人，而是要依靠合理的制度和运营机制来规范员工的行为，并制定明确的岗位管理条例，让大家知道要做什么、怎么去做、怎么能做

好，哪些事能做、哪些事不能做。这是一个企业成熟的标志，也是企业平稳发展的保障。

制度的制定与执行实质上是一个塑造人的过程。为什么要制定制度？因为某个方面不规范、有问题，需要明确大家的行为要求，原来大家习以为常的行为需要做出改变，按照制度来执行。

老板在实施制度管人的同时，要不断反省自己的制度落实得是否到位，可以从以下几个方面自查：

（1）制度只是规定员工还是领导带头执行？制度面前一视同仁、人人平等，这样的制度才有生命力。如果制度颁布后，高层管理人员不执行，只要求下属执行，时间一长，上行下效，大家就都不执行了，就会回到"人管人"的状态里。

（2）制度的执行不但要有结果，更要重视过程。制度的执行肯定会涉及各个环节和流程，如果管理者只看结果，而嫌过程麻烦，不在过程中进行控制和管理，那么必然不会有好的结果。

（3）制度要平等，不平等的制度等于一纸空文。如果高层管理者违反制度，对与自己亲近的人"网开一面"，会导致这样的事情越来越多，口子越开越大，最终让制度形同虚设。

（4）制度不是"一言堂"，需要大家共同认可。在制定一项制度的时候，需要在企业内部进行充分讨论，只有大家都理解并认可的制度，才能起到约束作用。

制定规章制度的原则

企业的制度对于管理和运营起着非常重要的作用，但制度不是千篇一律的，而是各有特色，这个特色来自不同的企业情况。没有一套制度放之四海而皆准，企业制定规章制度要根据自己的业务情况进行，可以借鉴别人的制度而不能照搬。大企业的制度不一定适合小企业。原因在于，小企业人员少，如果采用复杂的制度，反而容易降低效率，反而对管理不利。

所以，在制定制度时，应坚持以下原则：

（1）制度要兼容。一个企业中不止一个部门，针对同一管控业务，如果各部门各自为政，就会出现因部门管控的环节和重点不同，出现不同的管控流程和要求，制度之间相互矛盾而无法执行。

（2）要及时修订制度。企业在不断发展变化，组织结构、经营环境、管理体制以及外部环境都在不断改变，制度也需要及时修订，旧制度要及时废止。

（3）制度管控要划分清晰。制度要细分，才能使各个环节的协作和职责落实到位，才能保证各项管理工作的有效开展和有序执行。比如，各个业务谁牵头、谁配合、谁决策和谁负责都要划分清晰。

（4）制度设定要与企业实际相匹配。适配的管理才是有效的管理，因此制度不能盲目照搬或引进，一旦"水土不服"，在企业中将很难推进和

执行。另外，企业所处的行业和生命周期不同，管理方式也不同。

（5）制定制度的时候要充分调研。不能采用自上而下的方式，要多采用自下而上的方法，调查研究得越细致，制度制定得越符合实际，才能越有现实基础，从而更有效地落地和执行。

（6）制度发布后要组织培训和宣传。制度不是一天就能让员工掌握并认真执行的，需要管理者不断进行宣讲，定期对员工进行评估考核，查看其学习效果，如此员工才能认真对待制度。而且，监督和考核不能流于形式，要及时兑现。

（7）制度的制定需要成立专职机构，统一策划。这样不但有利于企业对业务进行统一识别，还能梳理流程，有利于组织制度的审查、培训、运行监管和修订。

制度的执行比制度本身更关键

企业虽然所处行业不同、规模不同，但都有一个共性，即所有的公司都有制度，但不是所有的制度都能落实得很好。所以，如何执行制度比制度本身更关键。或者说，制度需要执行下去才算是好的制度，否则也只是纸上谈兵。

（1）想清楚企业为什么要制定这样的制度。如果给出的答案不能让团队满意，那么他们很有可能就不会认真执行。在执行制度前，要先创建一个清单，列出当前用来管理的制度细节都有哪些，这些细节适用于哪些地方。理想情况下，应该只有一个系统，否则就会增加复杂度并造成困扰。然后进行组织培训，在现代组织管理中，培训发挥着重要的作用，是员工提升综合素质和专业技能的途径，是上下级之间沟通的渠道，也是组织向员工传达理念与愿景的媒介。全员培训，能帮助大家理解现有的制度对组织整体及员工个人的重要意义，提高全员参与的主动性与积极性。

因此，制度制定完成后，需要对高管包括需要实施的层面的所有员工进行基础的培训，包括实施注意事项、目标与结果制定、相关示例、执行制度能带来的好处等。

（2）要得到老板和高管的支持。企业大多数员工在工作中都是需要被调动和带动的，而老板和高层管理者的参与，会让员工看到他们对于制度执行的热情，从而激发起自己的动力，变得更愿意参与其中。在现代组织中，小到一个提案大到一项制度，当老板和高层管理者对其表示出极大的支持时，员工也会更加上心；反之，当老板和高层管理者不愿意投入时间和精力在其中时，员工也会更加懈怠。只有老板和高层管理者重视并反复强调制度执行的必要性和紧迫性，各级员工才会将其视为重点工作并长期执行下去。只有老板和高层管理者深入理解并认同企业的制度和理念，才能为有效执行提供合适的环境，从而确保在执行过程中不会扭曲变形，偏离初衷。

（3）在哪个层级执行制度。知道了为何要执行制度，就要想想在哪个层级执行，有的公司选择在整个公司落实制度的执行，也有的公司选择在某个部门、某项业务或个人层面执行。制度的执行层级不同，带来的最终结果也不一样。所以，要考虑好究竟是在公司层面还是在团队、个人层面执行。如果仅在公司层面执行，那么往往是由高层管理者组织参与和引入，能够清晰地向公司所有人传递公司最关注的是什么，可以为以后在更低层级组织执行提供方法借鉴，并可以进行向下平滑的推行。同时，也能给员工们理解公司制度的时间，这期间制度对公司员工的影响最小。如果在公司和团队层面都执行，那么说明公司所制定的制度被全员所理解了。

（4）执行制度的人员范围，也就是由谁来带头执行。这个范围往往比较容易确定。例如，销售制度，其执行人员便是销售团队的所有成员。

检验制度是否有效

制度执行了一段时间后，需要在内部做测试和调查，便于发现员工对现有制度是否满意，制度执行过程中有没有其他问题等。通常判断企业的规章制度是否有效，是从规定内容的合理性、程序的合法性等方面入手的。合理性多数是指员工是否满意，所以需要做员工的满意度调查；合法性是规章制度的内容与法律法规是否相抵触，是否肆意剥削员工的时间，如无偿加班、占用法定休息时间等。或者规定的内容过于苛刻，如没有特殊原因禁止员工在工作时间使用手机，妨碍员工的通信自由，不准员工迟到，甚至迟到两次就做开除处理等，这些都属于既不合理也不合法。不合理、不合法的规章制度是无效的。即使是合理又合法的制度，也需要不定期地对员工展开满意度调查，毕竟企业制定制度是为了在约束员工的基础上让他们认可公司，提高工作积极性。

员工作为企业最重要的资源，其工作满意度直接影响到企业的生产效率和绩效表现。为了激发员工的工作热情，很多企业都会定期进行员工满意度调查。

有句话说，只有做得好的企业才敢进行员工满意度调查，做得不太好的企业通常官本位思想严重，只会觉得管理者满意才是真正的满意，员工是否满意根本不重要。而调查并努力提高员工满意度是情感激励的关键方法。

工作满意度，对于公司来说是深入了解员工和企业很重要的手段。通过工作满意度，可以了解公司待遇是否公平、工作和员工的匹配度、员工关系管理是否需要加强等。无论通过正式的问卷调查还是面谈，都需要做员工满意度调查。

例如，某芯片公司，成立才一年多便以领先的技术成为行业翘楚。其创始人是斯坦福博士，从硅谷回到国内，带领年轻的高科技人才创业打拼。为了给高科技人才创造更好的条件，创始人通过不定期地对员工做问卷调查，看他们在工作方面有哪些满意和不满意的地方，从而发现员工的真正需求。同时，人力资源部对于员工从个人到子女、从工作到生活也给予了全方位的服务，包括设计公司的未来人才发展规划，建立人才库，时刻保持与优秀人才的联络；安排人才公寓，帮助员工子女找学校，面试的员工到楼下迎接等。虽然最开始公司的条件有限，也没有食堂，但是给员工自助选餐的菜单菜品丰富，保证员工可以吃到可口的饭菜；对于各部门提出的招聘需求，当天即启动，对于后勤的需求，3 天内给到解决方案。IT 中心更是做到了主动服务，技术工程师不再只是救火队员，而是主动询问每位同事的电脑使用状况，主动为同事的电脑升级；在不增加公司成本的情况下，重新进行资源分配，同事的需求，30 分钟内响应，半个工作日

内解决。

制度是保障组织正常运行的基石，对员工的满意度有着重要的影响。制度能够明确员工的权利和义务，保障员工的合法权益，提高员工的工作满意度和归属感。同时，制度还能够为员工提供更好的职业发展机会，通过培训和晋升机制激励员工的自我提升和发展，提高员工的职业满意度和忠诚度。

员工满意度主要是指员工对现有的一切是否满意，包括报酬、学习、晋升、环境、地位、公司的承诺等各个方面。对员工满意度进行了解，才能让企业管理制度趋于完善，达到为员工企业服务的目的。

一般对员工满意度的调查包括以下几个要素：

（1）认可。员工在岗位上的工作能得到认可吗？在过去的一周，员工因工作出色而受到表扬了吗？员工离职往往因为不被认可。

（2）快乐。工作中员工能感受到真正的快乐吗？快乐的员工比普通的员工敬业率高10%。

（3）个人成长。在工作中，员工有机会做擅长的事情吗？能获得鼓励吗？员工希望在工作和生活中得到成长。

（4）满意度。员工对自己的薪酬福利和工作环境是否满意？员工希望有好的工作环境和薪资待遇。

（5）健康。员工的工作压力很大吗？有良好的饮食和睡眠吗？健康的员工更有精力，工作效率也会更高。

（6）形象代言。如果公司让员工成为代言人，员工愿意推荐公司吗？公司有值得员工骄傲的企业文化吗？

（7）人际关系。在工作中，员工与领导关系和谐吗？与同事相处融洽吗？同事们致力于高质量的工作吗？员工在工作单位有没有知心的朋友？

（8）意见反馈。有人对员工的工作提出过建设性的意见吗？在过去的6个月内，有人关心员工的进步吗？

（9）员工为什么能够留下来。员工看重的公司价值是什么？

通过员工满意度调查，进行相应的制度调整。

（1）明确员工的职责和任务。企业应该根据自身的业务特点和生产流程，制定出一套符合员工工作的流程和标准，明确员工的职责和任务，确保员工能够清楚地了解自己的工作内容和工作目标。

（2）建立考评机制。企业应该根据员工的工作职责和工作目标，制定出一套科学的考评标准和考评方法，对员工进行绩效考核和奖惩，激发员工的工作积极性和创造力，提高生产效率和质量。

（3）培训和晋升机制。企业应该充分理解员工的学习和成长需求，建立起一套培训和晋升机制，帮助员工提升自己的工作技能和职业素养，提高员工的职业满意度和忠诚度。

（4）建立奖惩机制。企业应该根据员工的工作表现和贡献，制定出一套科学的奖惩标准和奖惩方法，激发员工的积极性和创造力，提高企业的竞争力和市场占有率。

第八章 绩效考核制度：提升员工动能，
推动公司发展

理解绩效考核的真正含义

绩效考核也被称为绩效管理，是指通过目标共识、责任明确、素质提升等多种方式，来确保个人的行为、活动、工作产出与组织的期望和目标一致的管理过程。

绩效管理的全过程包括绩效目标确认、绩效管理方法确定、绩效辅导、绩效考核、绩效面谈、绩效复盘。企业进行绩效管理是为了更好地实现组织目标，所以对于绩效管理的清晰认知是所有管理者都需要掌握的能力。

对绩效进行管理并不是为了考核，而是为了更好地实现企业目标，更合理地做好价值评价和价值分配。绩效中的"绩"不仅是指"业绩"，更是指"企业目标完成结果"，其中财务、战略、组织、人才发展等目标都需要衡量。对于公司的成熟业务，关键绩效指标可以"结果型"指标如利润等为主；对于成长中的业务，绩效更关注增量和效率；对于创新中的业务，看重的是行为过程和关键节点的达成。

绩效管理分为企业战略、组织绩效和个人绩效。其中企业战略包括企业年度规划、战略举措和关键任务、企业绩效指标、过程跟进、结果评价和复盘；组织绩效包括各部门职责、部门重点工作任务、部门绩效指标、过程跟进、结果评价和复盘；个人绩效包括岗位职责任务、个人绩效指标、绩效辅导跟踪、绩效考核反馈和结果应用激励。

绩效管理的实施原则有：

（1）需要确定客观的管理标准。考核评估的标准一定要客观，且可以衡量。

（2）需要设立清晰的目标。对员工实行绩效考核的目的是让员工实现企业的目标和要求，所以目标一定要清晰，通过目标引导行为。

（3）绩效管理需要与利益、薪酬相挂钩。价值创造、价值评估与价值分配实现三位一体。

（4）需要员工保持良好的职业心态。绩效不是扣钱和惩罚，而是不让能干者吃亏，也不给混日子的人机会。

（5）绩效考核要重日常积累。重成果反馈，重评估时效，考核的方式要简便快捷。

绩效管理的核心是解决以下两个问题：第一，绩效管理要公平公正，真正提高个人、部门和组织的绩效。绩效管理要保证个人、部门和组织对完成绩效目标有强烈愿望，主要手段是通过考核约束与薪酬激励解决好公平与激励问题，核心在于绩效考核的效度问题，难点是如何确定合理的绩效目标。第二，绩效管理能得到切实推进，使企业战略目标落地。绩效管理要解决战略目标分解及落地问题，主要手段是保证个人目标、部门目标与组织目标的一致性，核心是所有管理者和员工都切实深入到绩效管理的各个环节中，难点是如何对目标进行有效分解。

绩效管理的设计流程

绩效管理对企业发展有着重要的作用和意义。如为企业决策提供重要参考和支持，为确定员工薪酬和人事调整提供依据，可以增强员工的责任心、提高积极性，提高员工的工作质量和品质，为企业培训提供参考依据等。其设计流程如下：

（1）诊断企业管理现状。任何一家想要施行绩效管理的公司，都有其实质性的需求，所以诊断企业现状是基础。比如诊断企业发展战略、组织结构、预算核算体系、岗位管理体系及薪酬管理等方面的基础管理水平，根据企业现状提出系统的解决方案，便于对绩效管理做出分析。尤其企业文化对绩效管理的影响很大，如果是保守型企业并对绩效竞争类考核持排斥态度，那么推行绩效管理将非常不力。如果企业管理者和员工都信奉多劳多得、奖惩分明的基本价值观，那么绩效管理就容易落地。另外，企业明确的发展战略和经营目标，对绩效管理取得成效也非常重要。

（2）评估绩效管理的风险和可行性。不是所有的企业都适合使用绩效管理，所以在施行前要综合评估企业绩效管理的可行性和风险。如果一家企业基础管理水平较差，公司高层意见不统一，人员素质整体不高，执行力也不强，这样的企业引入绩效管理的成效也不会太高。在绩效管理引进之前，要先进行系统绩效管理的尝试，并对企业内部人员进行多层次、多频次的培训，让他们掌握绩效管理的工具、方法和技巧。绩效管理的可行性主要是判断企业基础管理工作能否支持系统的绩效管理要求。此外还要明确企业推行绩效管理期望达到的目的，以及能不能达到这个目的，假设不施行绩效管理有没有更好的办法来达到这个目的。

（3）绩效管理的准备工作。要明确是企业内部变革还是借助外力来推动绩效管理的施行。如果企业没有绩效管理方面的经验，可以先借鉴标杆企业的成功经验，然后结合自己的实际情况来具体推行，这样更有利于绩效管理取得成功。借助外力推行绩效管理，可以减少企业高层管理者的顾虑，更加彻底地改变员工的思想观念，使绩效管理能够深入推进并取得成效。绩效管理变革可能会给企业带来一定的冲击，因此要对绩效管理变革进行风险评估，预测绩效管理可能面临的风险，设计有针对性的风险防范预案。

（4）绩效管理方案设计，一般包括公司级（高管层）、部门级（部门主管经理层）、岗位级（员工层）。其中公司级按年度考核，以公司总体经营结果为准，总经理、副总经理、事业部经理等都在高管层的考核范围。部门级考核包括季度/年度考核，以承担职能和任务为主，一般考核人员是部门经理、部门副经理、主管。岗位级基层人员的考核包括月度/季度考核，以岗位核心职能为依据，一岗一模板、一人一考核表地进行。

（5）绩效管理的推进。绩效管理的内容主要包括绩效管理培训、绩效目标讨论和绩效管理实施等几个环节。公司、部门、个人绩效目标的制定要经过充分讨论、责任人的认可与承诺，这样有助于绩效管理取得实效。

让绩效管理落地

谈到绩效管理，大多数企业老板都一头雾水，甚至觉得口号喊得响亮，却难以真正落地。大部分绩效管理都是为了做而做，不求共识，不谈目的，不讲管理；导致绩效管理的难落地。另外，绩效管理难落地很多时候还源于认知障碍，总结一下，主要有下面几个错误认知：

（1）认为绩效管理就是人事管理。大部分人认为，绩效管理就是用来解决发工资和奖金、调薪调岗、晋升解聘等人事决策工作的。这是导致绩效管理被低估的原因。其实绩效管理的重要作用是对企业战略的全程贯彻。如绩效管理支撑着岗位工作的落实，支撑着部门目标的达成，进而也支撑着企业的战略目标，即企业可以通过绩效管理发挥良性的导向作用，引导员工不断努力提升自己，最终成为企业需要的、拥有核心竞争力的人才。

（2）认为绩效管理是人力资源部门的事。不少老板和业务部门都认为，绩效管理是人力资源部门的事，因而不积极配合，导致绩效管理无法落地。

（3）认为绩效管理就是克扣工资。很多企业一不小心就把绩效管理变成了绩效考核，执行的结果就是扣工资。导致这一结果的原因很多，比如考核太频繁、主管没有能力，或企业只以销售部门为导向，解决的办法就是先对管理者和高层进行培训和监督。

（4）认为绩效管理是万能的。绩效管理需要企业各级的同心协力和全体员工的持续沟通改善，不是短期看不到效果就认为没用，也不能完全指望外部工具的介入。

那么，如何将绩效管理落地呢？

（1）签订绩效契约。签订绩效契约是团队绩效管理的重要环节。在签订绩效契约之前，要让参与考核的人员充分发表自己的意见，参与整个绩效计划的制订，并让参与者公开表态做出正式承诺。绩效契约一般包括年度项目、以年为时限的目标责任、关键绩效指标和非权重指标。

（2）分析环境资源。管理者要分析外部环境和内部条件的变化，及时协调内部资源，给予参加绩效考核的团队足够的支持，以保证目标的达成。如果由于内部条件、外部环境变化导致目标实现难度增大，应及时进行目标资源匹配分析，为有关责任团队及时增加人、财、物等资源的支持；若由于内部条件、外部环境变化导致已定绩效目标过高或过低，就要根据实际情况，实事求是地对原目标进行调整，制定新的目标。

（3）绩效评估。绩效评估包括目标责任考核和阶段性关键业绩考核两个方面。目标责任的周期较长，一般以年为周期。而阶段性关键业绩则可以随时监控目标完成情况，及时发现存在的问题及隐患，避免重大损失。

（4）绩效结果应用。根据阶段绩效考核结果发放员工绩效工资，实现过程激励约束；根据目标责任实现情况，对有关人员进行奖惩。

在实现绩效管理落地的过程中要注意解放思想、大胆创新，具体表现在：

（1）努力破除思想禁锢，突破传统的思维定式和行为路径，做到干字

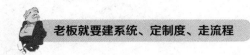

当头、实字为要、知行合一、成果丰硕，推动发展实现突破。

（2）开展讨论，动员和引导团队成员解放思想、凝聚共识，勇于担当、积极作为，抢抓机遇、干事创业，形成"树正气、讲团结、聚合力、促转型"的新局面，推动绩效管理各项工作顺利开展，为全面实现企业目标打下基础。

对绩效管理进行复盘

企业实施绩效管理以后，仍要进行复盘，弄清楚当初推行绩效管理的目的是什么，是真的为了完成企业的共同目标，还是为了变相降薪降本，还是为了激励员工有更好的表现？企业要发展，离不开经验的积累，就像任正非说的："现在是信息社会，知识很重要，更主要还是视野。所以要把经验写出来，年轻人看了案例，上战场再对比一次，就升华了……现在你们要善于把经验写成案例，否则做完了沾沾自喜，经验还只留在你一个脑子里，没有传承。"

首先，进行绩效管理复盘是一个总结经验的过程，通过复盘能让整个团队从过去目标完成的过程中进行学习，看到不足和经验，找到可改进的地方，不再犯过去犯过的错误，探究更加完善的解决方案。从项目完成情况总结成功经验，吸取失败教训，这是对绩效管理复盘的意义。

其次，对绩效管理进行复盘，就是准确客观地回答"我们的目标是什么？取得的里程碑有哪些？""这个目标是准确客观的吗？"评估结果就是通过准确、客观地描述结果，找到与目标"好的差异"和"坏的差异"，分析是什么导致了这些差异。大家可以讨论分析是哪些环节让效率得到了提升，哪些环节使效率下降。分析原因时要注意，成功主要看客观原因，失败主要看主观原因。

主要从以下几个方面进行复盘：

（1）复盘个人表现。每个人要对自己的工作表现有客观的评价。绩效管理如果是以年为限，员工都会觉得自己辛苦了一年，没有功劳还有苦劳，但老板要的不是苦劳，而是结果。所以，每个人要对自己有客观的评价，做到有理有据。客观评价自己就是客观面对失败，整个团队获得的不仅是胜利，更是一次成长。

（2）复盘业务。看当初设定的业务目标是什么？是否达成了目标？如果没有达成，还差多少？为什么没有达成目标？是不是哪个关键环节出了问题？流程上是否有需要优化的地方？方法和策略上，是否也存在问题？

（3）复盘人才结构。完成绩效目标，离不开整个团队的配合。所以要复盘人才结构是否合理？能否承担部门的业绩目标？能不能做出成绩？要不要补充人才？现有的人才结构是否要重新优化？通过复盘人才结构看绩效设置是否合理？激励有没有做到位？有没有向奋斗者倾斜？有没有让能干的人吃亏？是不是"大锅饭"？现在的团队氛围怎么样？是充满活力的，还是死气沉沉、士气涣散的？

（4）老板对自己进行复盘。对绩效管理的复盘不仅仅是对员工的复盘，更是老板对自己管理成绩的复盘。主要看有没有培养团队？有没有尽到培养人的责任？有没有教会员工工具和方法，帮助他们拿到结果？

（5）总结规律。这一步是把"隐性知识显性化"的关键，也是形成案例和经验的最重要的一步。就像组织学习大师彼得·圣吉曾说过，从本质上看，人类只能通过试错法进行学习。复盘就是从曾经试过的错中学习，把经验和教训变成组织能力。企业要承认失败，明白输掉一场战役并不是什么坏事，而是给企业增加了经验，以后可以再次尝试。因此，即使绩效管理施行失败，企业也要学着从失败中总结以下经验：

（1）不要设定太多的绩效管理目标。如果以一个年度为时间周期，目标太多往往行不通。可以少设几个目标，并将目标以时间为节点进行细化。比如一年2～3个目标，每个目标有3～5个即将到来的季度关键结果，这意味着大约每1.5周就能达到一个关键结果，具体的结果比宏大的目标更能鼓舞人心。

（2）改变思维定式。绩效管理目标的实现离不开正确的思维，没有过失败的经验，思维很难轻易改变。尤其当某种根深蒂固的思维在整个团队中被分享时，问题就更严重了。所以，想要完成绩效管理中所设定的每个目标或任务就要解放思想，大胆突破以往认知，才能积极正确地推进绩效管理中的各项工作，并从中积累起正面的经验。

（3）绩效目标需要跨部门合作。如果实施仅在部门层面的话，不要将各部门孤立，而是需要各部门之间充分合作。尤其在联结不同层级、部门的阶段，团队要主动跟组织内部其他团队或部门相互依存，配合修订目标与关键结果，才能确保双方建立的绩效目标皆能完成。而后，每个部门要根据自己的资源、能力与专长考虑能为公司目标的实现做些什么，由下向上逐层对齐，建立并完成部门目标，最终实现公司目标的完成。

（4）真正做到绩效管理总目标的清晰可见。绩效管理是一项伟大的事业，它由不同部门、不同团队的看得见摸得着的一个个短期目标所组成。绩效管理的总目标长远又宏大，指引着上述一个个小目标的完成方向，让它们时刻与自己保持一致，不会偏离方向。因此，如果绩效管理总目标不够清晰，就会让团队的一个个小目标失去方向，让整个工作的推进都有种建立在流沙之上的感觉。故而，绩效管理需要有一个明确、清晰可见的总目标，以便为诸多小目标提供坚实的基础。

KPI与OKR的使用

绩效管理之前常用的工具是 KPI，也被称为关键绩效指标。不知道从什么时候开始流传着这样的说法——目标与关键成果（Objectives and Key Results，OKR）比关键绩效指标（Key Performance Indicators，KPI）更先进；KPI 已经过时了，OKR 才是现代企业应该采用的绩效管理工具。说法虽有些片面，但不可否认，在绩效管理中，OKR 渐渐被管理者喜欢并采纳，多数优秀的公司是将 KPI 与 OKR 联合起来使用。

以某公司想要提高产品的客户满意度为例。KPI 的目标是提高客户满意度，指标是每个月要求客户满意度不低于 90 分。而 OKR 的目标是提高客户满意度，使 90% 的客户在购买产品或服务后愿意再次购买或推荐给朋友。OKR 要完成的指标是每月至少对 100 名客户进行满意度调查，分析客户反馈并及时处理客户投诉；每个月至少举办一次客户体验活动，提高客户对公司的认知和信任度；每个月至少对 50 名客户进行深入访谈，了解客户的需求和意见，及时调整产品或服务策略。

由此可以看出，二者还是有一定区别的。KPI 是一种衡量员工表现和公司整体绩效的工具，与公司整体战略目标密切联系。如果一个公司的目标是赚更多的钱，那么其制定的 KPI 就会包括销售增长倍数、销售净利率和营业成本。大部分公司制定了一系列的 KPI，问题在于，选到适合自己的不太容易。管理者如果选了错误的 KPI，就意味着员工会执行错误的指令，后果显然很严重。对于员工来说，KPI 意味着在指定的时间段内要完成哪些任务，以及这些任务要完成到什么程度，然后根据完成的任务获得报酬。KPI 最大化地提高了效率，但也是一把"双刃剑"。没有人对最终结果负责，每个人只对自己的过程负责。总之，有效的 KPI 往往是与战略目标紧密相连的，对员工个人、部门、公司整体都是如此。OKR 的概念最早出现在 1954 年，由被誉为"管理学之父"的彼得·德鲁克提出。他在《管理的实践》一书中首次提出目标管理（MBO，OKR 便是由此演变而来）的概念，在这本书中，他写了三个石匠的故事。

从前有三个石匠，有一天，当有人问这三个石匠在做什么时，第一个石匠回答"我在养家糊口"，第二个石匠回答"我在做全国最好的石匠活"，第三个石匠回答"我在建一座大教堂"。第一个石匠关注干一天活儿拿一天工资，养活一天家庭；第三个石匠却聚焦在更鼓舞人心的长期目标和美好愿景上。然而，最让德鲁克感兴趣的，是第二个石匠，因为这个石匠最关注的是专业技艺的提升，即成为全国最好的石匠。

德鲁克认为，企业中做出成绩的往往是像第二个石匠那样的专业人才，他们既不像第一个石匠那样只为养家糊口而劳作，都不去提升技能，也不像第三个石匠那样将做事的目标放得那么宏大，他们是专业的人员，掌握着技术并有能力把工作干好。

OKR 的理念就像第二个石匠，它要求员工与组织目标保持一致，需要站得更高、看得更远，并且要求员工走出"舒适区"，最好超出能力范围。一个 100% 被完成的 OKR 几乎没有任何推动作用，而一个 70% 完成度的 OKR 却近乎完美，员工知道极限在哪里，进而才有更多的上升空间。OKR 的主要目标不是考核某个团队或者员工，而是时刻提醒每一个人当前的任务是什么，相信并依靠员工的自主性和创造性去完成任务，使自由和方向达成一种平衡。

相比于 KPI，OKR 更偏重目标管理，能够激发员工的内在动力，在无形中会让员工对目标的制定有更大的主动权。OKR 把目标与考核剥离，让员工自发地制定目标，在实现目标的过程中进行管理，而不是按照既定目标和完成率来考核，这样一来减轻了员工的压力，二来很好地激发了员工的自我驱动力。

那么，OKR 的推广具体会给企业带来哪些方面的成效呢？

（1）OKR 体系能够激发员工的自驱力和创新能力，使得员工在项目研发的过程中，有更多新的创意和点子，新产品的研发能力增强，开发新产品的速度得到提升。

（2）用 KPI 考核时，很多项目都不会制定有挑战性的目标，而采用 OKR 之后，团队成员更愿意做新的尝试，更愿意制定有挑战性的目标。

（3）OKR 的实施会让企业中更多的员工主动找活干，员工不需要老板或领导实时监督自己。此外，因为可以更好地发挥主动性，员工的成长速度变快。同时，因为员工有了更高的自由度，项目方案可以从下至上提出，所以，自下而上的建议和方案变多，一些方案和建议推行起来也更加顺畅。

第九章　薪酬制度：先人后事的补偿机制

不同企业的薪酬体系特点

薪酬是员工的核心利益，也是人力资源市场配置的核定因素。从企业管理的角度，如何系统化、精细化、前瞻性地建立符合企业竞争战略和管理需要的薪酬体系，以达到吸引、维系和激励优秀员工的目的，是企业管理实践中的重要课题。

薪酬体系设计得公平合理，是对员工最好的激励，同时可以增强员工对企业的满意度和忠诚度，进而提升员工工作的积极性。

薪酬是企业对员工基于雇佣关系而支付的各种形式的报酬。企业的薪酬体系一般包括直接薪酬和间接薪酬，简单理解薪酬结构就是工资表上各个栏目所组成的薪酬总和。

一般薪酬结构分为以下几个部分：

（1）基本工资，是对员工在工作岗位上的固定价值的定位。如果企业能够制定一个具有吸引力的薪酬体系，基本工资高，便能够吸引和保留人才，以起到适度的中长期激励作用。

（2）员工福利，是一种全员享有，强调保障性和关怀性的薪酬形式，通常以福利形式发放，有的以现金形式发放，也有的以非现金形式发放。福利项目的选择可以体现人性化，从而增强激励的作用。

（3）特殊津贴，主要针对特殊岗位或特殊个人、特殊情况而设立的补充薪酬项目，多数以现金形式支付，如危险作业津贴、特种证书津贴等。

（4）短期激励，是对单次表现或一段时间内的表现予以特别奖励，也可以理解为各种奖励和奖金。

（5）长期激励，包括利润分享、收益分享和股权分享等，是与部分或全部员工分享企业长期收益的一种激励形式。

薪酬体系是企业的核心价值模块。如何通过薪酬制度的设计有效地激励员工，使员工产生的利益最大化，是企业人力资源部门应该重点关心的问题。在不同的企业中，所采用的薪酬体系有不同的特点。

按所有制结构划分的各类企业的薪酬体系特点如下：

（1）通常，国有企业的薪酬管理水平在基层员工薪酬系统和薪酬公平性、激励性、约束性与退出机制方面与非国有企业差距较大。

（2）民营企业较重视薪酬体系的激励机制，为吸纳和保留民营企业所需要的人才、促进民营经济快速发展发挥了至关重要的作用，而其在薪酬设计方面更具有科学性、适应性和灵活性。

（3）外资企业的人力资源管理和薪酬管理实践水平相对较高，企业运行效率和发展水平也自然更高。外资企业的薪酬管理具有严谨性、完善性的特点，非常重视人的价值和福利保障，在薪酬水平上具有较强的市场竞争力。但表现出的弱点也比较突出，即严谨有余、弹性不足，及时性和灵活性也不够，职场文化浓郁，较少关注员工的心理需要。

按企业所使用的主要经营资源划分的各类企业的薪酬体系的特点如下：

（1）劳动密集型企业，一般在薪酬管理方面重工资轻福利，薪酬结构简单，多使用直接薪酬，计件工资和业务提成制度盛行，因此员工忠诚度低、流失率高。

（2）技术密集型企业，其真正的价值更多地体现在技术型员工身上，他们如果对于薪酬不满意，就会流动频繁，给企业带来风险。技术型人才对企业内部薪酬公平性的敏感度更高，对激励的多元化要求更广泛。因此，技术密集型企业的薪酬制度具有更高的严谨性和规范性。

（3）资本密集型企业，拥有更强的资金竞争力，因此可以给员工付出更高的薪酬，而高水平的薪酬和福利可以掩盖多方面的薪酬问题，从而使得企业人员稳定性较高。

按企业成长类型划分的各类企业的薪酬体系特点如下：

（1）初创期企业。这类企业一般规模较小，产品的边际利润不高，成本的承受能力也有限，因此无法为员工提供高水平的薪酬，薪酬结构也相对简单，一般采用岗位薪酬体系，操作简单，管理成本低。虽然处于初创期的企业无法提供高水平的薪酬，但可以通过提高未来的收益作为补偿，例如在一些高科技企业中，企业支付给员工的基本薪酬可能低于市场水平，但员工却可以获得企业的股票和股票期权，将基本薪酬和未来的较高收入结合在一起的薪酬组合不但不会影响员工的招募和保留，反而有助于提高员工对企业的忠诚度，培养他们的团队意识，改善绩效。

（2）成长期企业。这类企业关注的是市场、产品的开发以及创新，企业对管理灵活性的需求很强。企业会通过让员工参与薪酬政策的制定，增加员工薪酬的透明度，员工薪酬的弹性部分与其业绩直接挂钩。尽管员工的基本薪酬水平比市场水平偏低，但如果企业有了创新的产品和更大的市场增长，就会对员工有较高水平的奖励，这对鼓励员工创新非常有意义。

（3）成熟期企业。这类企业的规模往往比较大，投资回报率较高，薪酬成本在企业经营总成本中所占的比率较低。薪酬政策会因为企业的竞争优势而采用领先战略，即会提供给员工较高的薪酬，帮助企业获得大量创新型人才。

基于3P的薪酬设计理念

薪酬设计是每个企业的基础，也是每个企业的管理层都很关心的问题，故而拥有一个合理的薪酬体系很重要。薪酬体系不是"拍脑门"和"走形式"，需要可衡量的流程、步骤和方法。企业对员工的付薪往往基于三个原因，分别是岗位（Position）、绩效（Performance）、个人（Personality）能力，在更多的时候薪酬支付原因是这三者的组合，所以，也被称为付薪的"3P理论"。

（1）基于岗位价值的付薪。基于岗位价值的付薪是指根据一个岗位对组织的贡献程度来支付薪酬，与员工的个人能力和业绩无关，只与岗位本身的价值有关。通常岗位价值高，岗位薪资就高；岗位价值低，岗位薪资就低。大部分企业付薪时依然采用"以岗定薪"的方式，所以，对于岗位价值进行评估是薪酬激励的前提和基础。

一般企业付薪要素包括岗位责任、知识技能、岗位负荷、工作环境等几大类。岗位评估的出发点是岗位承担的责任，是从每个部门承担的责任承接下来的，需要跟企业的战略责任一脉相承，由此形成责任的层层分解和落地。如果没有这样的分解和落地，直接实施岗位价值评估没有任何意义。

岗位价值评估真正的核心是把能力强的人匹配到高价值的岗位上，把能力弱的人匹配到低价值的岗位上，不是通过职务、身份来认可价值，而是通过岗位承担的责任来评估价值，体现人岗的匹配性。

岗位价值评估一般有三种方式：第一种方式是"一把手"说了算，大多数民企都采用这种方式。第二种方式是由经验丰富的团队成立一个小组，由小组来进行评估，这代表了一部分人的想法，相对折中。第三种方式是充分民主地来操作。最近几年，企业基本上都是采用第三种方式，不过采用此方式时有个原则，就是企业要力争把岗位价值评估这件事做成功（要被大多数员工接受），而不仅仅是做完。

一般岗位价值评估的工具有三种：一是"海氏三要素评估法"，即通过对员工技能水平、解决问题的能力和承担的岗位责任进行薪酬设计。二是美世 IPE，也称美世评估法，包括影响、沟通、创新和知识四个要素。三是多要素岗位价值评价法。企业针对实际情况，制造出一套运营要素，由岗位评估小组人员按照企业的运营要素进行岗位价值评估。岗位价值评估是薪酬设计中的重要工具，也是推进企业规范化、标准化管理的重要举措之一，以岗位价值为基础，构建企业薪酬管理体系，对改善员工满意度、提升员工积极性具有至关重要的意义。

（2）基于员工业绩付薪，即将员工绩效水平作为薪酬支付的依据。业绩越突出的员工理所应当获得越多的薪酬奖励，绩效表现越差的员工，薪酬越低。基于员工业绩支付的薪酬是动态的，对员工的激励作用比岗位薪酬大，能够有效避免在薪酬支付上的"大锅饭"现象。业绩与岗位相结合付薪是最科学、最合理的薪酬设计。

（3）基于个人能力水平付薪，即根据员工具备的知识和技能来支付薪酬。一般能力越大的员工贡献越大，自然薪酬就越高；反之，能力越小的员工贡献越低，自然薪酬也越低。

例如，某公司采用的薪酬结构主要包括，基本月薪——用来反映员工基本价值、工作表现及贡献；对员工生活的基本需求给予的综合补贴；遇到重大节日如春节、国庆节等发放的奖金；为员工报销休假期间的费用；从公司完成既定的效益目标出发，给员工发放的浮动奖金；销售及技术支持人员完成任务后给予的奖金；对有特殊贡献的员工给予的奖励；解决员工医疗及年度体检费用的医疗保险计划。

该公司薪酬结构中没有工龄工资和学历工资，员工的收入与学历、工作时间长短不挂钩，而是直接与岗位、职务、工作表现和业绩挂钩。薪酬结构中多使用员工福利和短期激励，定位为激励和保留的薪酬体系。

薪酬各构成要素的发放目的及付薪导向各不相同，导向是什么，员工就关注什么，所以在选择组成总体薪酬的项目时，把握好构成要素的目的和导向，才能达到激励的目的。例如，岗位工资付薪导向为岗位价值，全勤奖付薪导向为工作态度，工龄工资付薪导向为员工忠诚度，岗位/技能补贴付薪导向为岗位技能，浮动工资付薪导向为绩效等。

高固定+低浮动的薪酬设计

薪酬体系的设计无非是企业在《中华人民共和国劳动法》的基础上支付必要的薪酬之外，再通过巧妙设计提高对员工的激励效果。如何将固定薪酬和浮动薪酬巧妙搭配，达到很好的激励效果，是个非常重要的策略。

一般固定薪酬包括基本工资和岗位工资，浮动薪酬多指与业绩相关的部分，如业绩工资、奖金、提成、福利和股权等。对于这两种工资，企业付薪的时候有的采用低固定＋高浮动的薪酬模式，也就是常见的底薪不高，但提成高的付薪形式，有的会采用高固定＋低浮动的薪酬模式，底薪较高，但提成和奖金不是很高。这两种模式，能够真正对员工产生激励作用的是第二种，也就是高固定＋低浮动模式。

为什么说高固定＋低浮动薪酬对员工的激励作用更大呢？因为固定薪资与福利补贴更具有保障性，能够给员工的内心带来足够的安全感，保障员工的正常生活，解决员工的后顾之忧。

高浮动薪酬与企业效益高度挂钩，员工能获得多少薪酬与工作业绩的好坏直接相关。这种模式被不少企业认为是高效的，能激励员工为了获得高薪而更加努力地创造高业绩，如果员工没有好的业绩，企业也就不必付出高薪酬。看似对员工公平，对企业有利，但实际是双输。

（1）员工为了高薪会过度追求自己的业绩，不愿意与团队分享和协

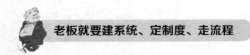

作，导致内部恶性竞争，不利于团队的整体建设。

（2）员工过度追求业绩，会忽略不能给自己带来业绩但对组织发展有益的工作，从长远来看，不利于组织整体目标的完成。

（3）浮动薪酬高的话，员工对固定薪酬的感知变差，业绩好的时候会认为是自己努力的结果；业绩不好的时候，会归咎于市场和竞争，很难对组织给予的薪酬产生感激、获得满足感。

（4）固定薪酬低的话，员工很难与组织建立起情感连接，会认为只是雇佣关系，一旦产生不良情绪，很容易离职，不利于组织留下优秀人才。

例如，某企业采用的薪酬结构是固定基本工资＋绩效＋年终奖，但固定薪酬部分占比较低，基层员工的固定薪资占比才刚达到 50%。该公司的年薪酬总水平处于市场 90 分高位，按理说公司应该具备很强的竞争力，但公司人员流动性却非常大，流失率超过 30%，员工薪酬满意度很低。由于该企业固定薪酬水平仅处于 25 ～ 50 分位，使得员工实际感知的薪酬水平很低，高浮动的薪酬结构使得公司薪酬竞争力被严重削弱。企业员工抱怨："一年当中我们有 11 个月的时间需要勒紧裤腰带过日子。虽然可能整体收入不比同行差，但是我们的安全感太低了，每个月的房贷怎么办？如果我坚持不到年底怎么办？年中公司把我们开除了怎么办？"

不少企业如同案例中的企业一样，采用低固定＋高浮动薪酬模式，同样没有起到预期的激励效果，员工拿着高薪，实际安全感不足。所以，高固定＋低浮动薪酬模式才是一种更为有效的薪酬激励措施。

（1）高固定＋低浮动薪酬给员工更多安全感，员工在生活得到保障的前提下能够全身心地投入工作。

（2）高固定＋低浮动薪酬能让员工产生归属感，也是企业对员工信任和肯定的体现。

（3）高固定＋低浮动薪酬可以为员工营造正向积极的团队氛围，员工不会为了业绩而陷入恶性竞争，更重视团队协作。

（4）高固定＋低浮动薪酬可以吸引人才。应聘者在不了解企业实际情况时，高薪是他们的首选，所以，高固定薪资对于人才有着强烈的吸引力。

当然，这里高固定的"高"，并不是超出同行业及市场水平太离谱的高，而是对外部竞争企业和内部实际情况综合考量情况下的一种薪酬设计。尽量做到高固定＋低浮动薪酬，才能起到真正激励员工的作用，让员工拥有安全感。

宽带薪酬体系的设计

越来越多的企业管理者开始关注宽带薪酬的设计与运用。宽带薪酬是企业寻求扁平化结构改变、进行企业流程再造战略背景下应运而生的一种新型薪酬结构。

之前大部分企业采用传统的薪酬体系，传统薪酬体系是指一个岗位级别对应一个工资数值，在同一岗位级别的员工工资是一样的。这种薪酬体系看上去比较公平，减少了对人的评价，避免了让领导为难，但实质上忽略了员工的能力，薪水只代表员工所在的级别，对于企业多样化用工和吸纳人才不利。由于这种薪酬体系的局限性和对员工起不到太多的激励作用，宽带薪酬应运而生。和传统的薪酬体系相比，宽带薪酬的级别设定更少，每一个薪酬级别对应的薪酬范围弹性更大，岗位流动除了可以纵向晋升，员工在同一薪酬宽带滞留的时间会更长，通过增加原有岗位的职责，相当于获得了岗位提升和更高的报酬。

宽带薪酬的重点在"宽带"上，有别于以往一个级别对应一个薪酬标准的体系，而是一个级别对应一定跨度的薪酬标准，根据其级别在对应的薪酬范围内给员工定薪。对多个薪酬等级以及薪酬变动范围进行重新组合，从而变成只有相对较少的薪酬等级以及较宽的薪酬变动范围。

相较于传统薪酬，宽带薪酬以员工的能力为基础，属于扁平型组织结构，基本的薪资策略也是以职业生涯为基础。其优势在于引导员工重视个人技能和能力的提高，为员工提供更多的职业发展通道，能密切配合劳动力市场的变化，解决员工因岗位调动薪酬变更的问题，最终能够减少工作之间的等级差别，打破传统薪酬体系所维护和强化的等级制。

如何设计一套宽带薪酬体系呢？有以下几个步骤：

（1）确定宽带薪酬的层级。确定宽带薪酬的层级需要进行工作分析，比如需要进行岗位价值评估。薪酬体系设计时涉及的工作分析主要是岗位素质能力分析和工作价值评估，通过工作价值评估，可以设计宽带薪酬的层级数。

（2）确定宽带薪酬的等级，也就是幅宽。通过对岗位要求的能力素质进行评估，在同一薪酬层级中可以设计不同的岗位等级，有利于区分收入，增加薪酬激励力度。可以通过能力素质模型进行薪酬幅宽设计，其中专业能力包括专业知识和技能、素质要素等。幅宽的设定原则为，首先能够基本覆盖现有大多数员工的薪酬，其次能够保障多数岗位未来 2 ～ 3 年的薪酬增长空间，最后随着薪级的增长，幅宽宽度变大。一般规律是，层级越高，薪酬范围的最小值、最大值、中点值均越高，即层级越高，对应的薪酬整体水平越高。两个相邻层级，较低层级的最大值大于较高层级的最小值，即两个相邻层级的薪酬范围存在部分重叠。

（3）设计薪酬结构，包括基本工资（固定工资）、绩效收益（超额工作量）、项目奖励、特殊奖励（福利、发明成果奖）、津贴与福利。比如根据市场上权威机构发布的行业、区域薪酬报告来确定行业付薪参考，或者分析竞争对手、岗位上人才来源企业的付薪水平，不过参考外部企业的同时也要考量自己企业内部人工成本的可承受程度。管理者要根据具体的岗位要求，采用不同的薪酬计算和组合模式。

宽带薪酬要遵循一定的规律：

（1）较低层级员工固定工资比例高于较高级别员工。比如基层员工按要求完成工作，对企业整体业绩完成与否、完成得好坏产生的影响较小，所以只要完成基础事务性的工作，成果能够保障。固定工资比例如果过低，在招聘人才时会遇到困难。较高级别的员工，对公司的业绩产生的影响较大，所以需要根据其工作成果对其业绩进行判断，如果采用较低比例的浮动薪酬，会对这些员工缺乏激励性。

（2）越靠近客户或创造价值的岗位浮动薪酬要越高。例如，企业的销售人员的薪酬结构是低底薪 + 高浮动，而这种方式也被大多数销售人员所接受。这些岗位的业绩靠员工个人的能力达成，同时也能够明确地衡量与计算，所以浮动比例较高。

当然，任何薪酬体系都不是一劳永逸的，在薪酬体系设定后，要随时

验证在企业的付薪策略下关键岗位、关键层级人员是否匹配企业的激励策略，如果不匹配则需及时调整。同时，企业为了满足各项激励策略，可以制定各种各样的薪酬体系，只要能起到激励的作用都可以为企业所用。

下篇

走流程

——老板高效管理的『着眼点』

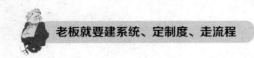

第十章 分析流程：抽丝剥茧，知己知彼

流程管理的概念和作用

近年来，流程管理理论在我国得到了非常广泛的推广与普及，然而对流程与流程管理内涵的把握和理解还主要局限于流程管理专业从业人员，对于企业大多数管理者及员工来说，流程管理还是个专业又陌生的事物，他们大多采取敬而远之的态度。

流程（Process），是"工作流转的过程"的简称。这些工作需要多个部门、多个岗位的参与和配合，这些部门、岗位之间会有工作的承接、流转，因此流程也可以说是"跨部门、跨岗位工作流转的过程"。

在企业中，流程管理得不科学往往会导致不同部门、不同岗位流转时停滞、低效、扯皮、推诿等问题，最后工作成了死角，以致大家都不管。所以，很多管理人员都抱怨说："每天要花大量的时间进行部门间的协调。"

如果真正做到高效的流程管理，会给企业带来正面效果，实现业务的接力赛。而做好跨部门、跨岗位的协同工作，会使流程顺畅，业务运转加快，市场冲刺更有劲头。

流程管理和改进的关键是确定目标与战略，书面化流程、实施流程，确定责任人并定期评估。在这个基础上，开发一系列的指标，确保流程按照既定的方式运行。这样，从流程到绩效，再由绩效反馈到流程，形成一个封闭的管理圈。流程管理一般包括以下内容：

（1）流程的设计与优化。一般企业会根据自己的目标和需求，将工作流程划分为一系列有序的步骤和环节。在设计过程中，需要考虑到各种因素，如工作内容、工作顺序、资源需求、时间限制等。对流程进行不断优化，可以消除冗余的环节，减少重复性工作，提高效率和质量，使工作更加顺畅、高效和可控。

（2）流程的管控与监督。对工作流程进行管控和监督是流程管理的重要一环。流程管控工作做得好，能够进一步提高工作的透明度和可追溯性，减少错误和失误的发生，同时也是对员工负责任的体现。

（3）流程自动化与信息化。数字化时代，流程可以利用数字化软件实现自动化和信息化，以减少工作错误率，提高工作准确性；节省时间，提高工作效率。

（4）流程的不断改进和优化。在流程管理中，除了对流程进行管控外，还需要不断地分析和评估工作流程，找出问题和瓶颈，进而采取相应的措施加以改进。不断地改进和持续优化流程，可以使组织在竞争激烈的市场环境中保持竞争优势。

以流程为导向进行企业管理

对于流程的管理不是一个独立的活动，而是各个环节串联在一起最后形成的管理系统，这个系统里包括人、财、物等各种要素。

流程管理是系统性的管理模式，主要有以下几个特征：

（1）以战略和客户为起点。实施流程管理的目的是为客户创造更加高效的价值，以此来实现公司的战略目标。如果公司的各个部门都能按照流程办事，追求效率化、各部门衔接化，那么最后在为客户带去价值、实现公司战略目标方面就能落到实处。否则，流程不顺畅，各个部门的工作衔接不好，又如何给客户带去价值、实现公司战略目标呢？

（2）以流程为切入点。管理不是单一的事情，需要在运营过程中各部门的有效配合，以流程为切入点就要求各个运营部门都围绕流程的设计来运行。根据流程去做预算、分解战略、设置岗位、评估绩效等。

（3）流程的问题就是管理的问题。很多管理者并没有把流程当成重要事项来对待，出了问题首先会想是哪个职能部门的责任或哪些人的问题。事实上，质量问题多由系统生产流程导致，而不是人的原因。所以，流程导向的管理模式就是让人们把问题聚焦在流程上，而不是针对某个部门或某个人。

在现实中，管理者常常对制度和流程的应用存在误解。比如，检查员工有没有按流程操作，如果发现员工没有按流程操作时，要不要处罚员工？或者说怎样去处罚员工？是不是应该用制度去监督流程的完善？很多时候，管理者就是用罚款来处理的，因为他们认为"制度是为流程服务的"。其实，真正解决问题的不是制度而是流程。首先流程本身具备可落地的效果。其次，流程可以进行训练和复制，从一个人复制到无数人。最后，流程因为有人监督，可以让执行落到实处。所以，好的管理就是"制度管人，流程管事"，管理得好的企业，往往是定制度走流程。对于企业而言，拥有一套科学、合理、规范的管理流程极其重要，它可以让管理变得简单有效，并能确保企业的规章制度有效执行。

流程管理的PDCA循环

PDCA 循环，也被称为戴明环，是全面质量管理应遵循的科学程序。全面质量管理活动的全部过程，就是质量计划的制订和组织实现的过程，这个过程按照 PDCA 循环，不停顿地周而复始地运转。

其中，P（Plan）为计划，D（Do）为执行，C（Check）为检查，A（Act）为处理。这样的循环，用在流程管理上同样适用。

P——计划一个好的流程体系。具有竞争力的企业往往不是某个要素或某个资源强大，而是管理体系的强大，是全面竞争力的强大，让对手无法模仿。比如，海底捞敢说自己的模式别人学不会。华为的任正非也说过，企业靠的就是管理，而不是对技术、人员和资源的依赖，《华为基本法》就是一套非常行之有效的流程管理系统。所以，好的流程体系是设计出来的。流程体系要从两个方面进行规划，一是流程框架的搭建，二是流程的具体设计。流程框架以战略、客户、产品等需求为入口，要解决整个企业的战略发展需求。在流程框架的基础上进行具体流程的执行，有效地与管理体系目标对接。流程框架与流程梳理加在一起就解决了流程体系设计能力的问题，保证企业流程体系在计划阶段就方向正确、方法正确。

D——如何正确执行流程。如果一个流程只是设计出来而无法有效执行，那也只是一张图纸而已，无法产生真正的价值。因此，如何保证流程的执行，才是关键。首先，流程的设计要有明确的动机，并且要具有可操作性。其次，有效的执行离不开流程的责任人，哪个环节都需要安排专人对流程的结果负责，尤其是跨部门的流程。再次，要重视流程的宣传与培训，为流程设计配套的管理制度也是保证流程执行力的重要手段，通过制度去约束操作者，规范操作，保证执行力。最后，要通过检查与问责机制来保证流程执行，及时发现问题并追究相关人员的责任，让操作者感受到不执行流程或执行不到位的压力，强化按流程操作的意识与习惯。

C——及时检查流程中的问题。一是对流程体系层面的检查与评估，二是对流程层面的检查与流程绩效进行评估。通过该环节，可以发现两类性质的问题：一是流程执行问题与流程计划问题，对于流程执行问题，应及时采取解决措施，确保流程体系顺畅运行；二是流程设计问题，应在 A 环节采取流程优化的方式从根本上予以解决。

A——持续对流程进行优化。经过前面三个步骤，一个好的流程管理往往已初具规模，也能让大家看到切实的回报，对流程管理树立信心。流程优化的思路就是根据战略或环境的变化，改变流程的设计，让流程变得更加精简与高效，最终达到提升流程绩效的目的。

在开展流程管理工作时，我们强调的是模型，并没有强调严格地按照 P→D→C→A 的先后顺序开展流程管理工作。事实上，从哪里开始都可以，这取决于企业自身的环境及管理需要。一般而言，流程优化会是一个比较适宜首先切入的点。但流程管理体系运行到一定阶段时，这四个环节都是必需的。

企业流程管理的推行和实践

一般来说，企业之所以要推行流程管理，往往是因为企业存在问题或某个环节存在缺陷，从而导致跨部门的协作比较混乱，使企业的人力成本、时间成本、激励成本都大幅增长。不少企业缺乏变革管理的能力，冒然引进流程管理多数也会以失败告终。因此，做流程管理不能贪大求快，应当循序渐进，从某一个部分开始实践，从公司流程体系中的某一流程开始，甚至是从公司的某个部门开始，积累经验，获得成功之后再逐步扩大和深入。明确流程管理的策略与重点是流程管理者打开局面的关键。那么，企业流程管理的推行和实践都有哪些关键因素呢？

（1）流程定位的是整个企业。流程是管全局，而不仅仅是管某个部门或某个人，很多流程管理难以推行下去的根本原因是管理者的认知有偏差，他们总认为流程就是对某一个部门或某几个人进行的少部分的变革。

也有不少人认为流程管理是从人治向法治的转变，有人希望能够优化流程，改善经营绩效；有人希望能够通过流程管理理顺公司各部门、各岗位的职责；有人说是为了从整体上协调各部门，解决跨部门的综合问题；有人说具体目的不明确，希望能够通过引入流程管理提升公司管理水平。认知不同，最终将流程管理引向的方向也不同。

（2）流程管理要把握老板的意图。实施流程管理肯定是企业老板的意思，因此流程管理人员需要对老板的意图准确把握，只有这样才能使流程管理符合老板的要求。让老板也充分参与其中，能够给流程管理者以指导和经验。如果能够超越老板的预期，让老板产生惊喜的感觉，那么流程管理工作的推进也会非常顺利。如果无法很好地把握老板的意图，可以直接找老板进行沟通，通过多问来明确其意图。比如，流程管理能够为企业做出什么贡献？企业需要流程管理贡献什么价值？如果老板的定位与流程管理人员的定位不同，那么建议先按老板的定位去努力，在实现老板的定位、获得老板的认同后，再去试着将流程管理工作朝着更高的目标拓展。

（3）流程管理的战略导向。每个企业涉及流程管理的时候，都和年度经营计划相关，流程管理是为经营计划服务的。如果经营计划没有包含流程管理，就换一个角度去看经营管理战略的重点在哪里？流程管理岗位能够从哪些方面去配合与支持？要特别注意的是，当遇到不理解或者不确认的时候，一定要找高层管理者沟通和确认。

（4）既要重视短期效果，也要重视长期体系建设。流程管理最开始一定是重视操作性的短期效果，只有短期效果的实现才能让人们看得更远，对建设整体的体系充满信心。流程管理的短期效果多见于注重实操性的岗位，例如，人力资源的招聘、培训，财务管理中的账务处理，行政管理、

IT管理中的问题处理及系统维护等。长期体系的建设要关照企业中参谋性的岗位，如战略规划、经营分析、流程管理、管理会计等工作。流程管理者应当做到"两手抓"——一手抓体系建设，一手抓短期见效的项目，二者要紧密配合。如果只做体系建设，由于相当长一段时间内看不到产出，很难保持企业各部门对流程管理的信心，很有可能会中途夭折；如果只做短期见效的项目，流程管理很难达到高水平，而且也很难持续发展。

（5）寻找流程管理的同盟军。要把企业的流程管理好，仅依靠流程管理的工作人员是办不到的，需要组建一个团队去推动流程管理。判断一家企业流程做得怎么样，有一个很简单的方法就是有多少人参与流程管理。如果只是流程管理的工作人员在忙，而很多人都没有动起来，那么流程管理一定没有真正做起来，只是流于形式。谁会是流程管理的同盟军呢？有共同的目标、共同的利益及共同的价值观的人员都可以参与到流程管理中来。

（6）流程管理以问题为导向。流程管理要想在企业中有效推行，从大家对流程管理一无所知或知之甚少到流程管理体系能够正常运作需要一个漫长的过程。在流程管理导入阶段，最重要的是要建立流程管理的样板工程，把难以理解的、复杂的、虚幻的、令人怀疑的流程管理理念、方法变成实在的、具体的、鲜活的、令人信服的成功案例。一旦有了成功案例就会吸引更多的人、更多的资源投入进来，从而让更多的人认识、理解并掌握流程管理方法，使流程管理实现更大范围的应用和推广。

第十一章　流程规划：千头万绪归于统一

为何要进行流程规划

　　流程规划，通俗来讲就是设计流程架构的过程。流程架构，亦可称为高阶流程，是对战略的承接。流程规划的目的即明确业务范畴，厘清业务模块间的关联。流程规划一般有三个方向：一是基于公司业务需求进行的流程规划。进行流程规划时要看公司从事什么业务，确保流程规划与业务需求以及公司的管理方向一致。二是基于公司组织架构和岗位职责进行的流程规划。根据岗位职责，规划岗位所从事的具体工作，如工作输入、工作过程、工作输出等，按工作事项的类别向上汇总，对工作流程进行归类并按重要程度进行分级，最终完成流程架构的设计。三是基于同行业或通用的流程架构的规划。这是根据自己的实际情况参考同行业其他公司的流程进行规划。三个方向既有不同又互相融合，概括起来就是战略决定业务、业务决定流程、流程决定岗位。

　　流程规划要遵循以下几个原则：

　　（1）放眼未来。流程表面上是对当下经营管理存在的问题予以解决，实际是对整个公司战略的支撑，因此流程规划要着眼未来，才能准确展示业务范畴、组织设计、权责体系等关键战略承接要素。

（2）从利益方需求开始，到利益方满意结束。流程规划要求每一个一级流程的设计都必须始于利益相关方的需求，终于利益方满意，这样的流程活动才能实现完美闭环。

（3）在统一共享的基础上进行差异化设计。在进行流程规划时要尽量统一，再根据不同的应用场景进行差异化设计。

（4）流程既要完整又要独立。流程规划需要完整地展示业务领域，同时各业务之间不能有重叠交叉，否则容易出现"流程冲突"或"流程空白"现象。

（5）流程规划建立在清晰的逻辑之上。流程的本质是对管理的一次建模过程，是将管理体系过程模型化、结构化，以流程架构的方式呈现出来。

（6）流程规划的目标。无论做什么工作，都要想清楚工作的目标。例如：①梳理出企业的流程清单；②厘清这些流程之间的逻辑关系和接口；③对流程进行分门别类，如分级、分段和分类；④明确各流程的所有者；⑤对流程的重要度进行评估；⑥搭建流程的绩效指标体系；⑦其他目的。

除遵循以上流程规划的原则外，还要组织会议进行讨论，如现在公司是否已经具备了流程规划方面的经验？现在是开展流程规划的最佳时机吗？流程不是随意就能启动的，而要考虑时机是否成熟。

流程规划时机是否成熟需要考虑以下几点：

（1）看流程执行者是否有足够高的接受度。流程不是某一个部门单独能够完成的工作，需要企业的所有部门参与和配合。所以，不能勉强流程

的执行者，要让他们对流程的价值充分认可，项目启动后，他们才不会敷衍。

（2）考虑公司的经营环境。流程规划毕竟是一个大工程，需要得到大环境的支持。首先，要取得公司高层管理者的认可和支持；其次，要考量公司目前的发展阶段，如果企业正面临转折期，就不应该盲目开始进行流程规划。

（3）考虑公司的流程文化。如果大家还不理解流程的概念，那就说明启动流程规划的时间还不到。在这段时间里，大家可以通过一些流程梳理、流程优化项目来培育流程文化的土壤。一般在企业成立 2 ~ 3 年后再启动流程规划工作，这个时候企业已经有了很好的流程管理基础。

流程规划和设计的启动步骤

企业推行流程管理是一项长期的系统工程，要实现这个目标，流程规划是必不可少的。流程规划一般以 3 ~ 5 年为周期，包括建设目标、实现路径、实施策略和方法、工作计划和里程碑、资源投入等。

经过前期的流程规划以后，接下来就是流程的启动。流程启动也是有步骤的。

第一步：成立流程规划小组。

该小组一般由项目经理或项目秘书、流程管理部门代表、各部门负责人或代表、业务子项目组成员组成。流程规划小组成员所扮演的角色是流程规划指导，成员控制在 3 ~ 5 人。如果公司已经有了如"管理改进委员会"这样的组织，流程规划小组可以置于此委员会架构下开展工作。为了保证流程规划小组工作的有效运作，配套的管理机制也是非常重要且必要的。流程规划是一项艰巨的任务，持续时间也比较长，公司高层领导必须给予项目组强有力的支持。

第二步：制订流程规划的工作计划。

流程规划要想在后续的工作中顺利展开，需要制定一个流程规划操作指引，内容如下：

①项目简介，包括项目背景、项目范围、价值、目的及目标；

②项目实施计划；

③项目组各角色及职责定位；

④规划流程及方法论；

⑤各阶段工作的详细操作说明；

⑥介绍各种表格及模板工具的使用方法；

⑦已有的流程清单（有竞争对手的流程清单参考更好）；

⑧项目组激励方案。

第三步：召开流程规划启动会。

启动会的重点在于：

①项目简介，包括项目背景、目的及目标；

②简略介绍一下流程规划的有关理念与方法论；

③项目组各角色及职责定位；

④项目的总体计划；

⑤项目的最终产出以及对大家的好处。

第四步：对流程执行人员进行培训。

在正式开展部门流程清单识别之前，项目组要对流程执行人员进行培训，告诉他们各种表格、模板等如何使用，必要的时候需要通过案例给他们提供一个可参照的模板。

第五步：进行部门流程清单的识别。

这是流程规划设计中最重要的一个环节，后续所有的流程执行都是基于此阶段工作的成果的。所以，部门流程清单识别的好坏直接影响到后续各个环节的工作质量。部门流程清单识别需要填写识别表，一般包括：各部门岗位代表和岗位职责要尽可能填写详细；对"职责"进行分解，细化到岗位活动，然后将得到的工作活动清单填入"工作分拆"栏中；把"工作分拆"后的结果按工作性质等进行分类，然后以活动发生的先后顺序排序，提炼出活动中的流程，填入"包含的流程"栏中；描述流程中的上下游；根据工作分拆结果，汇总成"流程走向"。

流程的架构层级和分类

一个组织所有的经营活动就是一张流程组成的网络。为了能够让流程为整个企业战略服务，需要按流程的等级、使用任务、功能等分为不同的层级。这样不同层级的流程和分类，可以在管理权限分配、投资决策、业务规划、经营方案设计等方面进行针对性管理，以实现经营的全面、协调和可持续发展。

流程架构的通用标准是美国生产力与质量中心研发的流程分类框架，也被称为 APQC，一般分为六个层级。

（1）企业级价值链：是以企业内部价值活动为核心所形成的价值链体系。企业的价值活动可以分为基本活动和辅助活动两类。

（2）流程类别：代表企业中的最高级别流程，如人力资源管理等。

（3）流程组：表示满足相同或相似目的的一组流程，如招聘管理流程等。

（4）流程：是流程组的下一层分解，是一系列相互联系的将投入转化成产出成果的活动，既包含完成流程的核心元素，也包含与变动及返工有关的元素，如招聘实施流程。

（5）活动：执行流程时的关键事件。

（6）任务：代表了活动的下一级分解。

公司内的流程理论上是互相贯通的，不过为了高效管理这些流程，对流程进行分类还是有必要的。一般 APQC 模型会把流程分为战略流程、经营流程和支持流程。

（1）战略流程，向企业提供长期或中期的战略方向和管理规划，确定采用的竞争策略与商业模式。战略流程是组织执行的方向，解决的是"明天我们要做什么"的问题。简单来说有三个方面的目标，即获客、创造持续的竞争优势、获取足够的回报。完整的战略体系至少包含五大流程：战略制定的流程、战略分解的流程、战略执行的流程、战略评价的流程和战略调整的流程。不要把战略管理理解为年底的繁忙，实际上它贯穿全年。企业管理者不仅要组织制定战略，还要推动战略、督导战略落地。

（2）经营流程，是组织执行的方法，也是指导人们落实战略的方法。

无论是战略任务的分解还是日常的重复性工作，都需要更为具体的经营流程。

有效的经营流程实际上是全方位的流程升级和执行，具体包括以下方面：

①财务流程：全面预算管理流程、资金管理流程、对账流程。

②生产流程：生产计划流程、排产流程、模具管理流程。

③销售流程：开发新客户流程、老客户运营维护流程、订单管理流程、回款流程等。

④设计流程：产品研发流程、打样流程。

⑤服务流程：产品退换货、客户接待流程、客户投诉处理。

⑥采购流程：开发供应商流程、供应商资质评定流程、产品分析会流程、谈判流程。

⑦人力资源：招聘、培训、升迁、绩效管理都是流程。

经营流程以战略流程为导向，以战略流程确定的架构为基础展开，它的逻辑顺序是：战略—商业模式—经营流程。我们认为做流程管理重点应该放在经营流程上，经营流程是直接、直观的，容易出成绩，也是企业流程管理的最终目的所在。

（3）支持流程，为经营流程提供支持，通常包括决策支持、风险控制、后勤支持等，类似一支军队中的政委，虽不直接上前线，却能为整支队伍出谋划策。后勤支持流程是最基础的，作用是为业务流程运作提供基本的保障。在做支持流程设计时，要以战略流程为导向，要能够有效地支持公司未来发展战略，为战略目标的实现准备好相应的专业资源、支持与管控能力；要以经营流程为目的，一切为经营流程服务，能够真正有助于提升经营流程的效率与效果，而不是自娱自乐。

除了以上常见的分类，流程管理还可以按客户分类（企业客户、政府单位或个人用户）、按不同的业务进行分类（境内或境外业务）、按重要度分类（采购 ABC 分类管理）、按生意模式分类（定制式订单与库存式订单）、按管理对象分类（收入会计、管理会计、应付会计、固定资产、总账）等。

为了实现标准化流程的效应，能够不分类的尽量不分类，要注意把控流程标准化与多样化之间的平衡。比如虽然根据业务风险不同，某业务审批流程可以分为普通审批和绿色通道两类，但如果差别点仅仅是审批线路的长短，则完全可以整合在一个流程中。

除了流程的分类，分级也是企业需要关注的问题。通常企业将管理层级分成战略、战术、战斗三个层级，对应地将企业的人员分成高层、中层与基层三个层级。高层人员负责战略层面的工作，包括公司战略规划、战略推动实施、战略评估与调整；中层人员负责战术层面的工作，包括某一领域工作的计划、组织、协调、控制和激励等；基层人员则负责按岗位职责与操作规范完成分配的任务。

流程分级需要遵循以下原则：

（1）自上而下，从流程规划的主导者到流程所有者再到流程规划小组。以流程所有者的视角来进行分级，最终的流程分级将会与组织架构和战略方向基本一致。所以，这个时候有必要充分征求流程所有者的意见。

（2）跨度不要太大，也不要分得太细。流程虽然注重细节，但不能跨度太大，而且不要划分得太细，首要原则是看一件事情是否能够从头到尾得到端到端的解决。如果公司流程所有者机制并未完全建立起来且公司人员的流程意识还比较淡薄，那么将流程根据组织架构做适度的匹配调整是有必要的。流程管理不能完全脱离组织架构而存在。

（3）不同频次的工作要分开。比如企业经营目标中有年度计划、季度计划和月度计划，这些计划因为频次不同，要建立不同的流程。

（4）流程的边界清晰。各级流程的边界应该清晰，并且有有效输入，根据流程的细节不同，产出也要以阶段性为标准，不能是半成品，要实现端到端的产出。

流程实施的价值评估

企业流程管理要解决的核心问题是，进行流程管理是否能够实现增值。如果无法实现增值，说明流程不重要且没有价值，这也是流程规划中很重要的一个环节。所以，无论设置多少维度，都要尽可能科学地测量重要度。增值性是最根本、最直接的判断标准。

前面我们讲了，一般常见的流程分为战略流程、经营流程和支持流程，其中战略流程是最重要的，也是高层管理者或老板个人直接制定的流程，所以流程执行者不需要将太多的精力花在研究战略流程上。支持流程属于后勤保障和支援性流程，也可以不是重点。经营流程才是上前线的，从接收客户需求到满足客户需求基本上都要通过经营流程来实现，因为它最接近客户，也是直接体现企业价值的流程，是内外部客户关注的焦点，所以我们把此类流程列为流程管理的重心。

　　如果经营流程出现问题，往往会导致战略流程无法完美地推行，也会导致支持流程失去用武之地，因此，对于流程实施的价值评估，应主要放在经营流程上。

　　比如，在筛选流程优化项目时，只有在资源充足的情况下，才能考虑启动支持流程优化项目；在制度管理中，经营流程一定要全部书面化，而部分支持流程从来都没有书面化，也都不用担心，在流程管理的相关培训、宣传推广方面，都要重点关注经营流程。

　　那么，如何评估一个具体经营流程的重要度呢？主要有以下四个要素：

　　（1）与客户相关度。经营流程是最直接与客户打交道的流程，所以与客户相关度要占到30%。评估流程中如何为客户提供价值，是否能够解决客户需求，有哪些地方还需要优化等。如果这个流程与客户相关度达到30%，就说明这是一个比较有价值的流程。

　　（2）与战略相关度。企业的流程管理最主要是为了企业发展战略而设计的，所以检查一个流程是否有价值，一定要找到与战略的相关度。与战略相关度越高，证明这个流程越有价值；如果与战略相关度很低，说明这个流程无法起到应有的作用，需要改进。通常来说，流程要与战略相关度达到25%以上。

　　（3）与整体绩效相关度。流程的设计和执行最重要的目标是提升整体绩效，所以，流程与绩效提升的相关度也是衡量流程是否具有价值的关键。通常，与整体业绩相关度保持在25%左右，才是一个符合标准的流程。

　　（4）横向跨度。流程的设计是每个部门负责人在本部门职责范围内去

设计各个子体系，包括采购、研发、市场、线上/线下销售等，各个子体系之间如果缺乏整体考虑与有效衔接，就会存在大量重复、空白，甚至是相互冲突。所以，评估一个流程的横向跨度，也是重要的一个环节。

通过以上几个要素，能够基本判断一个流程的可行性和价值，然后根据这些分析有针对性地去改进和完善，将流程在前期规划和设计方面做细、做好，如此后续的执行和落地才会相对容易。

第十二章　流程执行：正确做事，做正确的事

把流程设计得易于执行

流程设计得越简单，越容易被执行；如果流程既冗长又复杂，执行起来就会阻碍重重。如果企业在制定流程管理上设计了太多理想主义的流程制度，而这些流程制度大都无法实施，仅仅是管理者的想当然；如果在流程执行过程中管理者、一线员工、监督人员三者分立，管理者只负责设计流程制度，一线工作人员只负责按文件操作，监督人员只负责制度的检查，就会让流程的执行变得松散、分裂，无法得到有效的执行。

那么，如何才能把流程设计得易于执行呢？

（1）让流程执行人员参与到流程设计中来。流程的设计和执行是相辅相成的，企业需要内部管理者进行流程的设计，同时要让执行流程的人也参与进来。最好不要由局外人设计流程，更不能让流程管理部门的人代替管理者去设计流程，也不能把流程设计全权委托给流程部门去做，而是要让大家都参与进来研究、讨论，这样制定出来的流程制度大家都了解，在执行的时候才能更有默契，实现流程的更快、更好执行。

（2）抓住流程的关键节点。流程好不是所有节点都好，流程执行得不顺畅也不是所有节点都不顺畅。流程执行结果的好坏往往是由关键的少数节点决定的，因此在流程设计的时候要抓住那些关键节点。

（3）明确流程的目标。想让流程获得好的结果，就必须给流程提出一个有挑战性的目标。有了清晰的目标，对于流程结果的管理才有基础，这个目标会给流程执行团队带来一定的压力与动力，让整个流程执行起来更有激情，进而得到更好的绩效表现。企业的很多流程虽然设计得很完善，但没有设置目标，等于只告诉了执行者要做的事情及要遵守的规则，但没有告诉他们要做到哪儿、要做到什么程度。

（4）遵循责、权、利对等的原则。在流程设计中，权、责、利对等是一个非常重要有效的原则。一个流程，如果执行者根本不在乎流程的结果，或者在乎流程执行结果的人不负责流程的操作，这样的流程是不会有执行力的。

所以，在流程设计方面如何选择，要全面分析，不能盲目追求简单或复杂，而是先要做到对自己的企业规模和业务模式有清醒的认知。

流程好不好，关键在执行

任何变革与创新如果无法执行，就等于一纸空文。企业尤其重视流程工作，但当企业投入大量资源、精力进行流程优化时，却可能因能力有限，导致流程执行不到位，使得优秀的流程体系无法真正落地，前期工作变得没有价值。所以，流程好不好关键在执行，只有执行到位，流程体系才能真正发挥作用。

　　企业的执行力更多地体现在员工的执行力上，尤其是跨部门的协作上，好的团队合作建立在好的团队领导力及团队规则之上。跨部门的合作主要体现在流程中，如果没有建立常态化的流程，再加上职能导向的影响，跨部门合作很难有高效的执行力。如果流程不执行或执行不到位，企业的实际运营状况就不能得到真正的改变，流程管理也就失去了实际的意义和价值。

　　一般影响流程执行的因素有以下几个：

　　（1）流程没有被充分普及。如果流程仅是一个摆设，没有被所有参与流程执行的人掌握，大家在执行的过程中要么会出现偏差，要么因为没搞懂而不知道如何执行。所以，流程如果不能被充分普及，执行的效果就会大打折扣。

　　（2）流程设计不合理。流程在设计的过程中如果没有进行充分的论证，或者在执行的过程中没有及时调整优化，就会使得流程本身不合理，如果脱离了公司的实际业务和战略目标，自然很难执行下去。

　　（3）认为流程无用。很多人在执行流程之前，并不认可流程的价值，所以对于流程的执行也就不会太积极，从而导致流程成为虚设，得不到有效执行。

　　例如，某公司在很多年之前就设立了流程管理岗位，但在业务不景气裁员的那一年，公司非常果断地裁掉了流程管理岗位。公司的行为令当时被裁的流程管理主管不解：公司在经营困难的时候最需要通过流程管理去提升经营绩效，为什么却反其道而行之？原因就出在这家公司的流程管理根本就没有成功推行，没有得到老板的认可。

所以，流程得到有效执行的前提是被大家充分认可，即流程管理能够实现价值，提升企业的经营绩效。

流程管理人员要想在企业生存并获得好的发展，前提是能够成功地把流程管理推动起来，并通过流程管理为企业带来实实在在的好处，让企业看到回报与价值。流程管理相对于其他职能管理更有条件实现这一点。

流程经过规划和设计后，第一，需要进行流程优化方案的讨论和普及。流程不能只写在纸上，而是要具体到岗位、工作、人员的调研，听取相关人员的想法和意见，并及时召开跨部门沟通会议，将流程优化的原因、目的以及关键点等精准传达给各个部门，让企业中的所有流程执行人员达成共识，为后续流程的执行打下基础。第二，要加强流程培训宣导。如果流程有重大调整，则需要企业加强流程的培训和普及，以浅显易懂的方式将流程内容准确传达给执行人员并建立标准的执行程序，这样才能让执行人员精准把握流程要点，使流程参与者知道如何正确有效地执行流程。第三，要合理制定流程，落实流程的责任和相关职责。流程的优化过程也是一个分析、思考和模拟业务运作的过程。流程责任人承担着保证流程优化项目运作绩效的责任。确定流程责任人的下一步就是对责任人的职责进行清晰定位。要将流程责任人这一角色纳入权力系统中，并为其提供更好的职业升迁和自我发展机会，如此才能吸引有能力的人去做这份工作并努力做好。第四，要实施流程会议管理和文化宣传，对于一些战略类的流程可以通过定期举行会议的形式推动流程的强力执行落地。

流程执行要把责任落实到岗位

执行就像和尚挑水，如果一个和尚负责，每天都会认真负责地把水缸挑满，如果变成三个和尚负责，一个指望一个，最后谁都不挑水。流程执行是同样的道理，如果只是落实到部门往往会造成"责任分散"，最后就是扯皮推诿、漫长的等待、层层请示、重复检查，人人都争抢功劳，推卸过错，从而使流程无法得到真正执行。所以，流程执行要把责任落实到岗位，而不是仅仅落实到部门。

把流程执行的责任落实到岗位有明显的好处：

（1）使流程执行得更加顺畅。由于责任在岗位，就不会出现层层请示、多人签字的麻烦，既有利于流程的快速执行，也可以避免人浮于事、消极等待等负面情况的出现，提高流程的执行速度。

（2）有利于根据岗位安排流程的具体执行人员。责任到岗位，让定岗定编有了依据，可以降低人力成本。

（3）有利于考核业绩。责任到岗位，功过分明，可以有效杜绝人人争功、人人推过的局面，有利于论功行赏，让大家都满意。

（4）有利于培养人才。由于责任到岗，每一个执行人员都清楚地知道自己要担的责任，也清楚地知道自己的优势和劣势，从而明确努力的方向和目标，促进了企业对人才的培养。

（5）有利于改善运营。企业流程在执行起来后就能让企业看到哪个岗位需要什么样的人才，哪个岗位需要补充什么样的人才，做到对人员的合理安排和调配，实现人人有事做、事事有人管，让企业呈现出健康有序的运营状态。

那么，如何才能把责任落实到岗位呢？需要建立全新的岗位工作标准，具体做法如下：

（1）经过流程化，岗位标准化就变得相对简单。需要建立"岗位工作标准"，让岗位人员知道在这个岗位上需要遵守哪些制度，流程图都有哪些，岗位做好的标准是什么，履职结果的评价标准是什么。比如无印良品的工作手册《业务标准书》和MUJI GRAM（无印良品工作指南），把开店前的准备、收银台业务、店内接待业务、配送业务、商品管理、店铺管理等全流程的每一个细节都进行了细致规范，甚至每一件商品的摆设陈列、员工的装束打扮、店铺的清洁方法等都事无巨细地做了明文规定和图片说明，让客人无论走进无印良品的哪家店铺，都能体验到同样的氛围和服务。同时，基于每天现场发现的许多问题点和改善方法，工作手册也会每月更新一次，持续完善。

（2）岗位的身份识别要一目了然。在岗位工作标准表里不需要界定上下级关系，只让员工看到这个岗位是做什么的、那个岗位是管什么的就行，让员工消除等级观念，养成按流程协同合作的思维习惯和工作习惯。除此之外，岗位工作标准表里还要列出任职该岗位需要的主观条件，如年龄、学历、资格证、知识、技能等；再写出需要的客观条件，即开展工作必需的设备设施配置。

（3）归纳出岗位承担的工作职责。从企业战略目标分解开始，进行企业决策分类，再从组织架构设计到岗位配置入手，进行职能细分和流程梳理，才能搞清楚各岗位承接的事项和承担的工作。把流程图中与某一岗位对应的事项归纳起来，该岗位的工作职责就完成了一大半；再将企业管理人员、一般员工的共性工作进行归类，个性化地划分到具体岗位，该岗位的工作职责就齐全了。

（4）列出岗位必须遵循的标准。列出管理或从事这项工作应该遵循的标准，包括管理制度、操作标准、流程图等所有管理规范。量化可以完成的目标，比如100%完成目标有什么奖励，没有完成有什么惩罚等。与标准要求对应，有一个指标就有一个考核标准。比如指标100%完成，考核标准就是：每少一个百分点扣多少（得分或金额），每超过一个百分点就奖励多少（得分或金额）。

流程的执行需要制度考核

俗话说，无规矩不成方圆。流程的执行一般不会是主动自觉的行为，而是需要一套规则和制度进行约束的。流程的执行人员需要在熟悉流程的规则的基础上去执行。在发现流程执行过程中存在的问题以后，可以根据制度和规则进行处理，对违反流程的人员及行为进行约束。

在管理上有句名言："你检查什么，就会得到什么。"用制度和规则进行考核就是对流程执行的检查。

例如，某企业，有一个部门对于流程的执行能力非常强，只要交给这个部门的流程，执行起来完全可以让人放心，为此，一些流程中的关键事项都倾向于交给这个部门去把控。为何该部门的执行力如此强呢？原来，该部门有一套严格的流程考核制度，在执行流程的过程中，会有专人定期检查，检查的结果与执行流程人员的绩效奖金挂钩。所以，这个部门的员工制度意识非常强，严格按照制度规定去做，才有了强大有效的执行力。

所以，流程的执行需要制度考核，那么具体怎么做呢？

（1）通过制度考核强化流程执行意识。哪里有检查和惩罚，哪里就有认真对待。如果对流程的执行没有制度考核的话，大家就不会认真对待，也不会有认真执行流程的意识。制度考核不是简单的批评，而是要与绩效奖金挂钩，做得好有奖，做得不好有罚，这样才能强化流程执行者认真对待的意识。

（2）采用简单易行的检查考核系统。日常绩效考核指标不能太多，一般不超过5个。也就是说，流程执行符合标准可以按名次排序，进入前5名的给予奖励；如果没有进入前5名的则不予考核，通过流程检查结果通报与会议检讨促进改善就可以。

（3）制度考核总结。制度考核不是单纯地发现问题，而是为了更好地提升流程的执行力，所以，要及时进行制度考核总结，并做到对整个流程的实施过程进行问责。首先，团队管理者需要掌握相当的技巧去召开会议，每个人都要根据之前工作的不足汇报并提出改进意见，这样才能保证其他人对自己工作的高要求。其次，团队管理者应该在会议中展示最新的记分表，评估之前的哪些工作有效、哪些工作不佳，以及如何调整。

（4）清除障碍，制订新的计划。为接下来的流程执行制订具体的工作计划，包括执行的事项、预期达到的结果等；然后瞄准记分表，确保计划能够有效推动引领性指标的实现；最后给出一定的时间限制。

所以，好的流程执行，离不开有效的制度考核，要在流程执行的过程中对其进行全面的考核监管。只有这样，流程管理才能发挥作用，效率才会提高。如果把制度比作河堤，那么，流程就是河流，流程管理就是河道疏浚。对于现代企业而言，既要有一套科学、合理、规范的管理流程，也要辅以有效的规章制度和考核来保障流程的顺利执行。

第十三章　流程优化：全流程解析，处理症结

流程优化是流程落地的保障

对企业来说，流程优化就是找出常规流程中的低效之处，然后对其加以修正以提高效率。

流程优化听起来可能很简单，但在实践中找出需要优化的流程节点会花费大量的时间和费用，不过一旦找到，回报也很高。

流程虽然始于流程规划和体系建设，但仅仅建立了流程体系并不能解决所有问题，因为流程在执行的过程中会不断暴露出问题。所以，设计流程体系以及执行流程，都是为了检验流程的有效性和可行性。如果发现流程在执行的过程中有需要改进之处，那么就涉及了流程优化。对流程进行持续、不间断地优化，才是实现流程管理真正落地的有效保障。

那么流程优化的需求源于哪里呢？根据流程优化需求驱动因素的不同，流程优化的需求大概源于以下导向。

（1）问题导向。企业在进行流程管理的时候，主要是为了在符合企业战略的基础上有效服务客户，以客户的需求为立足点。如果在执行流程的过程中发现并没有解决客户的需求，说明这个流程是有问题的，然后根据客户提出的具体问题对流程进行优化即可。比如，服务类企业的流程管理，如果是为了解决客户等待时间过长的问题，那么提升服务流程的效率即可。那么具体如何提升服务流程的效率呢？拉斯维加斯的海市蜃楼酒店采取了一种很有创意的做法：考虑到客户在办理入住手续时可能会碰到排长队的现象，酒店将前台设计得背靠着一个巨大的水族箱，这样客户在排队等候的同时可以观赏美丽的鱼儿自由地游来游去，从而让等候的时间不再那么无聊。所以，不管提供的服务或产品是什么，都要问问自己："有没有更轻松、巧妙的方法去优化流程呢？"优化流程即从现有的流程当中发现冗杂、不合理的部分，减少或改变不必要、不合理的环节，从而达到提高效能、降低成本的目的。

（2）绩效导向。流程管理要实现的根本目的是让业绩增长，让个人的绩效得到提升，所以通过绩效测量报告、标杆企业对比分析报告等，看看自己企业的绩效情况在采用流程管理以后有没有增长，如果没有增长甚至有回落的可能，这样的流程就需要优化。

（3）变革导向。有的流程在经过了分析、规划、设计和执行这一系列过程后，发现与之前的战略目标不相符，或者并没有达到战略目标期望的结果，这个时候就需要根据企业战略、经营思路及策略、流程规划报告等进行流程的优化，以达到变革的目的。比如，在分析公司年度战略的基础上，企业想要把降低管理费用作为战略之一，那么与管理费用相关的流程优化就是考虑的重点之一。

（4）客户导向。以客户为导向做流程优化是流程优化的基本原则之一。因为很多企业设计了流程之后，自以为做得特别好，但客户并不满意。流程要建立在客户满意的基础上。第一，从时间角度考虑，及时响应客户的需求，满足客户随时能够进行交易的要求；第二，从空间角度考虑，对信息获取、交易场所或者服务地点进行选择时，考虑到客户的各种特殊需求，让客户感到便利；第三，从服务的过程考虑，满足客户对交易过程的便利性要求，做到交易过程简单、省时；第四，解决问题便利和及时，尤其对于客户的反馈信息，能够进行跟踪管理，确保客户能够得到便捷高效的售后服务。亚马逊"一点即可"的订购流程，交易的便捷为客户省去了诸多烦琐的流程，比如说，客户购物时不需要每次都输入有关的基本信息。这就是尽可能降低流程中的烦琐程序，简化以便提升服务效率。

（5）竞争对手导向。有的企业流程做得不错，但竞争对手可能做得更好，这个时候就需要对标标杆企业，看看他们是如何通过流程来提高竞争力的。通过研究竞争对手的核心流程，往往可以发现自身企业很多可以改善的空间和超越的机会。

流程优化的需求多种多样，企业要根据自己的实际情况找到需要优化的流程，把问题的严重度及后果准确地展现出来，然后交给流程管理负责部门对流程进行系统性的优化。

流程优化的常用方法

简化工作流程、不断发现工作流程中的错误并有效整合、提高内部团队成员和客户的满意度，是当今每个企业、每个管理者乃至每个员工的共同责任。流程优化是永无止境的。

总的来说，流程的优化有几个方面：

（1）企业的使命是为客户或者服务对象创造价值；

（2）创造价值的是流程，而不是哪个部门和个人；

（3）企业的成功来自优异快捷的流程运营。

这充分说明了流程在企业中所起的作用，说到底，企业的管理，就是流程的管理。在整个流程管理中，我们要明白客户的要求无非是要快、要正确、要便宜、要容易。说简单一点，客户就是要时间、要质量、要成本、要服务。这就要求企业必须按预定的时间、可接受的品质及可能的最低成本，满足客户的需求。要做到这些，就需要对流程进行优化，减少企业流程中臃肿之处或浪费之处，以生产出合格的产品或提供优秀的服务来满足客户需求。那么，流程优化常用的方法有哪些呢？

（1）消除。流程的设计往往不是太少而是太多，为了效率优先，第一个方法就是"消除"，看看所有流程中要做的工作和活动有没有能够取消的环节，比如重复的环节、无效的环节、反复检查的环节等。以酒店管理中的入住流程为例：酒店服务人员为旅客办理入住手续时，经常碰到因为固定时间办理入住导致旅客排队时间长的现象。对于旅客来说坐了很长时间的交通工具拖着疲惫的身体到达酒店后却还要排队，极易产生烦躁情绪，进而对酒店产生不满。为此，一些酒店采用了智能无人化前台，包含了 VR 选房、入住办理、发卡、续住、退房、开发票、退押金等全程自助服务功能，代替前台服务人员处理大量重复枯燥的工作，前台人员仅在一旁进行操作指导即可。同时，还能优化旅客入住流程，节约旅客入住办理时间，为旅客打造了一个良好的酒店初印象。

（2）简化。对于流程过于复杂的环节，如繁杂的表格、程序、沟通渠道、签字层级等，尽量做到简化，以达到节省时间的目的。那么具体如何简化呢？可以通过一些影响比较大的事件来反向推动流程的简化工作。例如用户反馈了一个诉求，是一个痛点，需要进行流程的简化，但因为涉及的流程链路比较长，普通成员的改造意愿不高，这时候就要考虑上升到用户体验的层面，由专项去推动，从而达到简化流程的目的。

（3）合并。把流程中两个或两个以上的步骤或环节合并为一个，比如将采购、收货确认、付款等环节合并成一站式服务，就能提高对供应商的办事效率。

（4）重组。就是对流程中的各个环节进行重组，对各项工作开展的先后次序进行重新排序。比如将供应链的介入提前到研发阶段，尽早减少设计对供应链的影响。例如，某企业电芯的检验，从供应商那里拿到检测合格的产品后该企业还要再检验一次，而这样的检验周期又特别长，由此企业把自己的检测和供应商的检测重组在了一起，达到了节省时间的目的。

（5）自动化。可以把数据收集、传输、分析、判断等各个环节的工作利用各种自动化设备和装置系统来完成，以提高流程执行的速度及执行的质量。

提升流程优化的综合价值

流程优化的方法掌握了，流程优化项目也组织起来了，甚至在公司内部营造的流程优化氛围也大有燎原之势，这当然是好的。但能不能获得流程优化后的价值呢？这是一个值得认真对待的问题。

比如，有一家公司，从质量、效率、风险等角度都定义了量化的目标，在流程分析阶段也进行了大量的调研、分析，并找到了流程中存在的关键问题，通过制度等手段优化了流程并验证了效果，但高层管理者对此却不认可。原来这些流程优化并不是管理者的痛点，也没有解决管理者的心病。比如，流程管理组辛苦完成的优化项目成果是把之前项目完成的时间从 3 小时减少到了 1 小时，项目组因为节省了时间而特别开心，但管理者却说这样的优化并不是核心，他要的是流程优化后的综合价值，如降低费用和风险。

所以，当我们在谈论流程优化的时候，必须思考流程优化的综合价值是什么。想提升流程优化的综合价值，流程优化工作必须朝着几个方向努力：

（1）进行流程优化的时候要真正明白高层管理者的关注之处，这样流程优化和优化后的成果才能更接近公司的战略，以及更接近战略目标的落地。

（2）流程优化不是改造皮毛，而是要有深度和力度，关注从客户需求端到客户满意端的整体绩效的提升。只有这样，才是科学的流程优化，否则只是重复浪费时间。

（3）流程优化要从具备的某个业务流程拓展到业务模式的优化与创新，比如，以标杆企业为对标，看看人家的流程是怎样的，对应的业务模式哪些是本企业所不具备的，这样才能在优化流程时不单纯优化某个流程，而是对某个业务模式进行整体优化。

（4）将流程优化与绩效密切联系，如果流程的优化不能带来绩效的提升，那么从本质上来说此流程优化并没有成功。

（5）从单纯关注流程中的某个问题上升到关注整个企业的战略。解决最重要、最紧迫的问题和那个能够产出最大价值的问题，不要试图通过打通全部流程来解决所有问题，这样不但做不到，反而导致最需要解决的问题也做不好，重要问题优先处理才是流程优化的关键。

（6）流程的优化虽然要依赖高层，但更要让流程执行者产生自主意识，让工作变得轻松和可持续。毕竟少数人的力量是有限的，只有所有人都向产生价值的方向发力，流程优化才能体现出其综合价值。

流程管理部门应该逐渐放弃"低阶流程的优化"工作，鼓励并交由流程负责者自主主导完成，把流程优化的工作重心逐渐向顶层靠拢，抓住更加增值的工作。

总之，对于流程的优化只有起点没有终点，没有最好只有更好。流程优化对于企业的长期发展而言，只能算是起步。企业在运营过程中，要不断对流程进行检验，不断对流程进行优化。实施流程管理最重要的是员工要按流程执行，并全神贯注地执行，发现流程有问题及时优化完善，最终让流程为企业的战略目标服务、为业绩服务，这才是流程的意义所在。

后记

老板管理企业力不从心，问题无非是有了战略却得不到执行，员工不能独立完成工作，总是"等、靠、要"，老板则是"急、忙、累、苦"。究其原因，要么是企业系统架构不够科学，要么是企业制度不够完善，要么是工作流程不够清晰，从而导致老板很累，员工很闲，战略规划不错，但执行结果很差。所以，一套科学规范的系统、制度、流程，可以帮助企业培养人、训练人，打造出具备执行力的团队，这样才能让老板真正获得解放，做到轻松管理企业。

企业的系统建设就是老板高瞻远瞩的战略和愿景，想要实现战略和愿景，离不开制度。好的制度能够规范人的行为，维护企业的正常经营秩序。确保制度完美落地需要制定相关流程，通过流程化管理来实现制度的有效实施和科学落地。

通过梳理该书的三大板块——建系统、定制度、走流程，我们给老板管理企业提出几点建议：

企业管理的战略非常关键，相当于企业的指南针，可以让管理做到有目标、有依据、有方向，任何偏离战略的行为都应该尽快调整。没有战略的企业就好比没有灵魂的人，可见战略的重要性。而建系统就是在布局战略。战略系统、管理系统、品牌系统、营销系统、风险管控系统是一个企业的"五驾马车",它们只有并驾齐驱才能让企业走得高效稳定。

企业的管理制度是提高企业员工素质、助力企业长远发展的"防火墙",为老板和员工提供企业日常运行需要遵循的规则。无规矩不成方圆,无制度没有效率。管理制度作为企业核心价值观的外在体现,具有极强的指导和约束作用,是企业经营的保障措施。所以,企业管理中需要制度建设,更需要制度的科学实行。

搭建企业的内部流程体系非常重要,这样可以提高企业的运作效率,降低交叉沟通成本,增加企业管理的透明度和可复制性。从流程到绩效,再由绩效反馈到流程,会形成一个封闭的管理圈。流程是企业的渐进式改革,既符合企业的实际情况,又能让企业跟上外部环境发展的脚步。